Isobel Kuhn

Menschen der zweiten Meile

Wenn dich jemand nötigt, eine Meile mitzugehen, so geh mit ihm zwei

Geistliche Lehren von zeitloser Gültigkeit

Verlag der
St.-Johannis-Druckerei
C. Schweickhardt
Lahr-Dinglingen

CIP-Kurztitelaufnahme der Deutschen Bibliothek:

Kuhn, Isobel:
Menschen der zweiten Meile : wenn dich jemand nötigt, e. Meile mitzugehen, so geh mit ihm zwei ; geistl. Lehren von zeitloser Gültigkeit / Isobel Kuhn. [Übers. aus d. Engl.: Karl-Heinz Porombka]. – Lahr-Dinglingen: St.-Johannis-Druckerei Schweickhardt, 1988.
(TELOS-Bücher ; Nr. 514 : TELOS-Taschenbuch)
Eiheitssacht.: Second mile people ‹dt.›
ISBN 3-501-00373-0
NE: GT

ISBN 3 50100373 0

TELOS-Bücher
TELOS-Taschenbuch Nr. 70514
Übersetzung aus dem Englischen: Karl-Heinz Porombka

Die englische Originalausgabe erschien 1982
unter dem Titel »Second-Mile People«

Die deutsche Ausgabe erscheint mit Genehmigung der Überseeischen Missions-Gemeinschaft, Postfach, CH-8028 Zürich/Schweiz
und der Überseeischen Missions-Gemeinschaft,
Am Flensunger Hof 12, 6315 Mücke/Deutschland
Umschlag: Hans Thoma, 1839–1924, Villingen (Farbradierung)
Gesamtherstellung:
St.-Johannis-Druckerei, 7630 Lahr/Schwarzwald
Printed in Germany 9297/1987

Inhalt

Vorwort

Vor einigen Monaten suchte ich etwas in unserem Archiv in Sevenoaks, als mir eine Schachtel mit der Aufschrift KUHN in die Hände fiel. Da ich von Natur aus wißbegierig bin, öffnete ich die Schachtel und fand zu meiner großen Überraschung darin ein mir bis zu diesem Zeitpunkt unbekanntes Manuskript. Augenblicklich vergaß ich den Grund meiner Suche und las wie gebannt. Zunächst konnte ich nicht glauben, daß ich tatsächlich ein unveröffentlichtes Manuskript von Isobel Kuhn entdeckt hatte. Es war jedoch unverkennbar ihr Schreibstil; außerdem befand sich ein Brief vom 8. Mai 1939 dabei, den sie an Herrn Baker, den damaligen ÜMG-Schriftleiter, gerichtet hatte. Aus dem Brief geht hervor, daß ihr erstes Buch *Precious Things of the Lasting Hills* (Kostbarkeiten von den Ewigen Bergen) kurze Zeit vorher erschienen war und sie weitere, auf ihre Rundbriefe gestützte Werke verfassen wollte. *Comrades of the Second Mile* (Gefährten der Zweiten Meile), der ursprüngliche Titel des vorliegenden Buches, war offensichtlich im Jahr davor eingegangen, denn sie schreibt: »Ihr im August 1938 geschriebener Brief traf im Februar(!) hier ein . . . Es ist sehr liebenswürdig von Ihnen, daß Sie sich trotz ihrer vielen Arbeit Zeit nehmen, mir mitzuteilen, daß *Comrades* bei Ihnen angekommen ist.«

Warum sollte man ein vor so langer Zeit geschriebenes Buch, das veränderte Situationen behandelt, heute noch herausgeben? Wir sind der Meinung, daß die in diesen Kapiteln enthaltenen geistlichen Lehren von zeitloser Gültigkeit sind und in den achtziger Jahren noch genauso viel zu sagen haben wie in den dreißiger Jahren. Die sechs Kollegen, über die Isobel Kuhn schreibt, waren für sie Menschen, die ihr als »Lichter in der Nacht« auffielen, wie sie sich in der Einleitung ausdrückt. »Sie haben den Abschnitt unserer ›ersten Meile‹ als blendende Kometen beleuchtet, die einen solchen Glanz nach sich ziehen, daß ein Teil ihres ›himmlischen Feuers‹ auch in uns eingedrungen ist.«

Die Leser, die andere Bücher von Isobel Kuhn kennen, besonders das Werk *Die mich suchen,* werden mit einigen Dingen bereits vertraut sein, und wir brauchen kein Geheimnis daraus zu machen, daß es sich bei »Bachelor« um J. O. Fraser handelt, der einen großen Einfluß auf Isobels Leben ausgeübt hat. Mögen die anderen jedoch, ihrem Wunsch entsprechend, ungenannt bleiben – als für uns alle beispielhaft zu bezeichnende »Menschen der zweiten Meile«.

Edyth A. Banks, Herausgeberin

Einleitung

Der friedliebendste Mensch aller Zeiten hat einmal gesagt: »Wenn dich jemand nötigt, eine Meile mitzugehen, so geh mit ihm zwei« (Matth. 5, 41). Viele von denen, die an dem Frühlingstag auf dem Berg in Galiläa seinen Worten lauschten, wandten sich vermutlich bei dem Gedanken an eine solch »lächerliche« Lehre kopfschüttelnd ab! Doch die Vorstellung von der ZWEITEN MEILE war eine lebendige neue Idee, die über die Jahrhunderte hinweg die Herzen der Menschen eigenartig angerührt hat. Als allgemeines Gedankengut hat die Idee allmählich ihren ursprünglichen Platz verlassen und wurde aufgrund verschiedener Bedeutungsschattierungen zu einem schillernden Begriff. Diese Bedeutungen bringt man mehr oder weniger alle mit der Vorstellung der freiwilligen Aufopferung in Verbindung.

Als »ungesetzten« Spielstein verwenden wir sie in den folgenden Skizzen. Wir betrachten die Idee losgelöst von jeder Lehre. Während wir sie wie einen Opal in unseren Gedanken drehen und wenden, strahlt ihre stille Oberfläche das Feuer des hingebungsvollen Opfers aus. Christus machte einen Unterschied zwischen der ersten und der zweiten Meile. Unzweideutig sagt er, daß die erste *zwingend* sei; doch die zweite stellt er Ihnen und mir als *seine* Vorgehensweise anheim. Mit anderen Worten: er legt sie als Opfer nahe, das wir zum Wohl und zum Frieden seines Reiches bringen können.

Heutzutage befindet sich die Kirche allgemein in einem Zustand der Teilnahmslosigkeit. Es herrscht die unausgesprochene Meinung, daß eine für den Erlöser zurückgelegte Meile reichlich genüge! Mehr als einmal ist der Verfasserin zu Ohren gekommen: »Ich habe Angst davor, mich ganz Christus zu übergeben . . . Angst vor dem, was ich für ihn tun soll oder daß ich etwas aufgeben muß!« Man scheint die *zweite Meile* zu fürchten.

Doch nicht alle unsere Zeitgenossen sind so verzagt. Tatsächlich sind wir gelegentlich Menschen mit einem völlig anderen Standpunkt begegnet; Menschen, die nicht schrien »Was wird er alles verlangen?«, sondern »Was *kann ich ihm geben*?«; jugendlichen Herzen, die von Dankbarkeit widerhallten: »All dies für mich? All dies für mich?« Diese Menschen sind gleichsam »aufblitzende Lichter in der Nacht«. Sie haben den Abschnitt unserer »ersten Meile« als blendende Kometen beleuchtet, die einen solchen Glanz nach sich ziehen, daß ein Teil ihres »himmlischen Feuers« auch in uns eingedrungen ist.

Diese wenigen Auserwählten stellen wir Ihnen in etwa der Reihenfolge vor, in der Gott sie über unserem Horizont auftauchen ließ.

Bachelor – ein »verlorenes« Leben

»Denn wer sein Leben erhalten will, der wird es verlieren; wer aber sein Leben verliert um meinetwillen, der wird's erhalten« (Luk. 9, 24). Es war meine zweite Sommerkonferenz in einer bewaldeten Gegend am Ufer eines spiegelglatten Sees. Weil ich etwas aus dem Wohnzimmer holen wollte, rannte ich ungestüm ins Haus und sah mich einem großen, kahlköpfigen Mann gegenüber, der still dort saß. Ich nahm mir nicht die Zeit, auf seine Beschäftigung zu achten. Irgend etwas an ihm brachte mich auf den Gedanken: »Oh, ein alter Junggeselle!« Und mit der allen jungen Mädchen anhaftenden Scheu verließ ich den Raum fluchtartig.

Bis zum Abend dachte ich nicht mehr an den Fremden. Die fröhliche Schar versammelte sich in der würzigen Luft des Auditoriums, einer gerodeten Lichtung im Föhrenwald. Die Konferenz sollte eröffnet werden, und ich nahm meinen Platz bei den anderen Mädchen ein, ehe ich die Rednertribüne in Augenschein nahm. Als ich schließlich doch meine Augen erhob, bekam ich einen Schrecken. Dort saß tatsächlich der alte Junggeselle auf dem Rednerstuhl! Der war doch nicht etwa der Konferenzleiter? Sollte sich dieser Mann, der so . . . nun . . . vernachlässigt ausgesehen hatte, als jemand Wichtiges entpuppen? Ehe ich mich versah, hatte der Vorsitzende ihn vorgestellt, und wenige Minuten später sprach Herr Bachelor uns mit einer ruhigen, doch volltönenden Stimme an.

Er erzählte uns, er sei ein Stammesmissionar aus dem fernen westlichen China. Er war recht jung (mit 22 Jahren) in diese Missionsarbeit eingetreten und hatte dort 14 Jahre bis zu seinem ersten Heimaturlaub verbracht. Der Urstamm der »Lisu«, bei dem er die meiste Zeit gelebt hatte, verfügte über keine niedergeschriebene Sprache. Bachelor kündigte an, uns jeden Abend eine andere Seite seiner Arbeit unter diesem interessanten Volk nahezubringen. Einen Abend wollte er der Alphabetisierung ihrer Sprache widmen, einen ihren Sitten und Gebräuchen, einen dem Zusammenleben mit den Lisu, usw. An jenem Abend wollte er uns auf eine Reise durch ihre Dörfer und Gehöfte mitnehmen.

Von Anfang an nahm dieser hochgewachsene Missionar unsre Aufmerksamkeit gefangen, denn trotz ihrer Schlichtheit hatte seine Ansprache etwas Beherrschendes an sich. Als er zu der Beschreibung seiner geliebten Bergfesten und deren eingeborener Kinder überging, verlor er sich, und die Zuhörer gingen mit! Jeden Abend ließen wir die rauschenden Föhrenzweige, das schlichte Podium, das im Blattwerk hier und da aufblinkende elektrische Licht hinter uns und wurden sekundenschnell ins ferne China versetzt; dort begaben wir uns mit Bachelor als Führer im Lisuland auf atemberaubende Erkundungsreisen.

Ich erinnere mich, dabei einmal einen großen Fluß überquert zu haben, der sich seinen Weg in schlangenförmigen Windungen durch den Felsgrund eines gewaltigen Gebirgszugs bahnt. Wir konnten das bedrohliche Schwanken des Bambusfloßes spüren, auf dem wir standen, wenn die gefährlich schnelle Strömung es von Zeit zu Zeit herumdrehte. Wie erleichtert wir waren, als wir endlich das steile Ufer erreicht hatten! Dann folgte der schwierige Aufstieg. Unbarmherzig brannte die Sonne auf uns herab, die Kiesel der einfachen Trampelpfade gaben unter unseren Füßen nach, und die ganze Zeit über fühlten wir die feuchten fiebererregenden Finger der Malariadämpfe nach uns greifen. Durch diesen Dunst wird das Flußbett für manchen Reisenden zu einem Totenbett; die Chinesen nennen den Dunst »Giftnebel«.

Welche Freude, wenn man die ersten 150 Meter hinter sich hat und auf einem Felsvorsprung steht! Die Hüte abgenommen, die Arme ausgebreitet, den willkommenen kalten Bergwind aufzufangen, der unsere erhitzten, erschöpften Leiber mit der belebenden Frische einer kalten Dusche trifft. »Oh, oh« – (Ausdruck tiefer Dankbarkeit) »Dankt dem Herrn für die Reisegnaden! Was!? Bachelor sagt, wir haben erst ein Drittel des Weges hinter uns? Ai-ya! Gut, wir wollen uns eine Minute lang auf dem grasigen Vorsprung ausstrecken und uns erholen. Sag' dem grinsenden Lisujungen mit deinem Bettzeug auf dem Rücken, Bachelor, daß er gut lachen hat. Die Rücken und Beine von Ausländern sind eben nicht wie seine ab dem Säuglingsalter an diese abschüssigen Berghänge gewöhnt! Ah, wie wunderschön der hohe zerklüftete Gipfel dort drüben ist, und das weiche weiße Wölkchen um seinen Hals . . . sieht aus wie ein Chiffontuch um die Schultern einer stolzen Hofschönheit. Schon gut, schon gut! Ich steh' ja auf . . . uh, die erschöpften Muskeln. Hier bin ich – auf geht's!«

Stunde um Stunde geht die Reise weiter. Es gibt keine Mittagspause, doch gegen 14 Uhr sehen wir vielleicht einige an den Berghang gelehnte wacklig anzuschauende Hütten vor uns. Weil es in den Bergketten, die den Salween begrenzen, praktisch keine ebenen Stellen gibt, ruhen die Lisubehausungen nur selten ganz auf dem Erdboden. Damit der Fußboden waagerecht liegt, stehen die Häuser auf Pfählen von unterschiedlicher Länge, so daß sie aussehen wie zerlumpte Jungen auf Stelzen.

Die Höhe der Pfähle hängt jeweils von der Entfernung von der Bergwand ab. Steht man in der Tür einer solchen Hütte und sieht Mutter Erde wie eine riesenhafte Rodelbahn Hunderte von Metern abfallen, bemächtigt sich einem das Gefühl, man schwebe in der Luft.

Ein Lisudörfchen, erzählte Bachelor, trug den Namen Schildkrötendorf, und wie wir in Sichtweite kommen, schickt er uns ein schallendes »Hallo« voraus. – »Ma-pa kommt.« In Lusuland heißt der Lehrer Ma-pa, die Lehrerin Ma-ma.

Augenblicklich stürzen alle Hunde aus den Häusern. –

»Hört, hört! Die Hunde bellen!
Fremde kommen nach Lisustadt!«

Die Leute strömen aus den Häusern, Willkommensrufe und Freudenschreie zerreißen die Luft. Während man näherkommt, besonders beim Weihnachtsfest, übertönen Gewehrsalven den anderen Lärm und hallen wie explodierende Bomben von den Berghängen wider. Eine lange Reihe Lisu wartet darauf, uns die Hand zu reichen, während sie singen:

»Es steht ein Fremder vor dem Tor.
Laßt ihn ein, laßt ihn ein!«

Von den Schüssen unterbrochen hört es sich eher an wie:

»Es steht ein Fremder vor dem Tor.
Schießt ihn nieder, schießt ihn nieder!«

meint Bachelor scherzhaft.

Doch in den strahlenden Gesichtern steht nur ein freudiges Willkommen geschrieben, und braune Lisuhände werden uns entgegengestreckt. Dieses Händereichen in Lisuland! Es gilt als Zeichen der Kirchengemeinschaft. Man schreitet die Front ab: warme Hände, kalte Hände, trockene Hände, feuchte Hände, magere Hände, fleischige Hände, Hände, die so lange kräftig zudrükken, bis man winselt, Hände, die sich schlaff wie toter Fisch anfühlen. Und die sind schlimmer als alle anderen! Selbst der Säugling auf dem Rücken der Mutter darf nicht übersehen werden; sein Händchen ist das einzige weiche, denn die Lisu bestreiten ihren Lebensunterhalt nur durch harte Handarbeit. Schon die jungen Mädchen ziehen jeden Tag aus, ihren Anteil an Brennholz zu schlagen und nach Haus zu tragen.

Und dann die Eier! Die Lisuherzen sind offen und großzügig und wollen immer geben. Und weil alle Mapas Vorliebe für Eier haben, hält nahezu jede Hand verstohlen ein Ei bereit. Deshalb, sagt Bachelor, trage er immer einen »Eierbeutel« über der Schulter und schreite so die Front ab. Händedruck? Ei? – in den Beutel damit. Händedruck. Ei? – in den Beutel damit. Und so geht es weiter. Apropos Eier. Ich muß einen Augenblick vom Thema abschweifen.

Niemand soll meinen, ein geisterfülltes Leben wie das Bachelors sei eine überaus trockene Angelegenheit. Auf keinen Fall. Es ist das einzig »überfließende« Leben, das Leben, das Christus mit dem Wort verhieß: »Ich bin gekommen, damit sie das Leben haben, Leben im Überfluß.«

Bachelor hat viel Humor. Er meinte uns jungen Leuten gegenüber sogar, es sei tragisch, ohne Humor in die Mission zu gehen! Bei der Schilderung seiner Erlebnisse konnte Bachelor nicht verborgen bleiben, daß bestimmte Abschnitte seiner Rede besonders den Frauen unter den Zuhörern einen Schauer über den Rücken jagten. Ich bin mir ziemlich sicher, daß er die boshaften Einzelheiten nur anführte, um den Frauen ein hörbares Zittern zu entlocken. Ich erinnere mich daran, wie er beiläufig bemerkte, nachdem er die Fleischknappheit und die eintönige Nahrung in den wilden ertragsunfähigen Bergfesten beschrieben hatte, daß er wochenlang kein Fleisch aß – »einmal jedoch eine gekochte Ratte«.

Unter uns jungen Leuten waren nicht wenige, die hofften, als Missionar nach China zu gehen. Fünf von uns sind momentan hier tätig. Bachelor wandte sich uneingeschränkt dieser Gruppe zu. Er lehrte tiefe geistliche Wahrheiten oder erörterte Leben und Gebräuche der Menschen. Bisweilen brachte er die Schattenseiten des Missionarslebens zur Sprache, um diejenigen abzuschrecken, die lediglich Romantik suchten. Dann und wann blitzte sein drolliger Humor auf, z. B., als er mich einmal langgezogen fragte:

»Hast du schon 'mal ein faules Ei gegessen?«

»Nei-ein.« Ich mußte mich schütteln und war gleichzeitig von dem Aufopferungswillen des Missionars fasziniert.

»Oh« – beiläufig – »ist nicht schlecht. W-i-r-k-l-i-c-h nicht.«

Viele Jahre später, als ich schließlich in China arbeitete, war Bachelor ebenfalls als Gast bei dem ersten Fest zugegen, zu dem mich Chinesen eingeladen hatten. Als das chinesische Leibgericht – alte Soleier – aufgetragen wurden, beugte Bachelor sich vor, packte boshaft ein großes schalenumkrustetes Stück mit seinen Eßstäbchen und fragte: »Möchtest du nicht auch?« Beinahe hätte er mich dazu gebracht, ein Stück hinunterzuwürgen. Denn als Neuankömmling wußte ich nicht, ob es möglich war, etwas zurückzuweisen, ohne den Gastgeber zu beleidigen. Doch ein anderer Gast, eine ältere Missionarin, kam mir zu Hilfe: »Das ist nicht nötig. Er will Sie doch nur ärgern!« Daraufhin aß Bachelor das Stück mit unnötigerweise zur Schau gestelltem Wohlbehagen selbst.

Aber kehren wir ins Schildkrötendorf zurück. Weil Erwachsene und Kinder tagsüber Holz hacken oder ihre steilen Bergfelder bestellen, findet das Bibelstudium abends statt. Ma-pas Besuche sind äußerst selten, so daß man wahrscheinlich alles aus der Hand legt, um an der Kurzbibelschule teilnehmen zu können. Obwohl Bachelor ständig zu anderen Ortschaften unterwegs war, konnte er innerhalb eines Jahres kaum seinen gesamten Pfarrbezirk besuchen. Die Lisu bauen eigene Kapellen, neben denen sie oft einen kleinen Raum für Ma-pa anlegen, der »Prophetenzimmer« genannt wird.

Mein Mann John und ich haben einmal in solch einem Raum übernachtet. Der Raum befand sich in einem Dorf so viele hundert Meter über dem Meeresspiegel, daß wir uns dem Himmel nahe wähnten. Vielleicht ist dies der Grund dafür, daß die Bewohner dieses Dorfes die freundlichsten und liebsten Lisu sind, denen wir begegneten. Die Wand unseres Zimmers bestand aus einer bogenförmig aufgestellten, an schlanken Pfosten befestigten Bambusmatte. Große, lediglich auf Stangen gelegte, Schindeln bildeten das Dach. In Lisuland ist ein Luxus wie Nägel unbekannt. Zwei breite Bretter auf in den Untergrund getriebenen Pfosten wurden uns als Betten zugewiesen. Als »Teppich« diente uns das braune Antlitz von Mutter Erde. Unser »Schreibtisch« bestand aus einem dicken schmalen Brett, das ebenfalls an Pfosten befestigt war. Und als die Dunkelheit einbrach, verstanden wir den Zweck eines großen rußigen Steines, der mitten auf dem »Schreibtisch« lag – eine von uns nicht erwartete Lampe! Die auf diesen Stein gelegten brennenden Kienspäne spendeten nicht nur Licht, sondern verbreiteten auch einen angenehm würzigen Duft.

Alles in allem verbrachten wir in dem einfachen kleinen »Prophetenzimmer« eine zufriedene Nacht. Nie sind uns liebevollere Gastgeber begegnet als diese lieben Lisu.

Bachelor sprach über die Geduld, die er brauchte, um die warmherzigen, doch seit langem vernachlässigten Ureinwohner zu unterrichten. Er begann immer mit der ersten Frage des Katechismus: »Wer erschuf die Welt und alles, was darin ist?« Nachdem er geduldig und verständlich erklärt, wiederholt und eingeübt hatte, was das bedeutete, schlug er das Buch zu und stellte, vielleicht einer alten Lisumutter, die Frage:

»Also, Mutter, siehst du den Baum dort drüben?«

»Ja.«

»Nun, wer hat ihn gemacht?«

Es folgt ein leerer Blick, dann ein gewinnendes Lächeln und schließlich das heiter desinteressierte: »Ich weiß nicht, Ma-pa!«

»Also, hör' zu, ich will es dir sagen. Gott hat ihn gemacht. Gott hat alles auf der Welt gemacht: die Berge und die Wolken, den Fluß und die Felsen und Bäume und Menschen. Also, hör' zu, Mutter: Wer hat den Baum dort drüben gemacht?«

Wieder ein erstaunter leerer Blick, dann das Lächeln und: »Weiß nicht, Ma-pa!«

»Also wirklich, Mutter, gebrauch deinen Verstand. Denk richtig nach!«

»Es hat keinen Zweck, Ma-pa. Ich bin alt und kann mich nicht erinnern. Mach nur weiter und unterrichte die Jüngeren. Ich kann nichts behalten. Du darfst dir um mich keine Sorgen machen.«

»Mutter, wie viele Kinder hast du?«

»Sechs, Ma-pa. Peter dort drüben und Mary und den kleinen John. Und drei sind tot.«

»Oh, es tut mir leid, daß du drei verloren hast. Ist das schon lange her?«

»Ja. Unser ältester Sohn ging als erster von uns. Vor vier Jahren in der Regenzeit. Er war beim Kühehüten, als sich ein Felsblock oben aus der Wand löste und herunterfiel und ihn traf, ehe er aus dem Weg springen konnte. Der Felsblock war so groß wie ein Tisch. In dem Sommer fielen viele Blöcke herunter. Nun, ich erinnere mich . . .«

»Aber hör' mal, Mutter. Ich glaube, du hast eben gesagt, daß du dich nicht erinnern kannst. Und jetzt erzählst du mir, was vor vier Jahren geschehen ist! Und du erinnerst dich daran, als sei es erst gestern passiert. Mutter, du *hast* ein Gedächtnis, und Gott möchte, daß du es gebrauchst. Ich möchte, daß du dir merkst, daß *Gott* den Baum dort drüben und auch alle anderen Bäume gemacht hat . . .« Und so ging es weiter. Niemals hatte Bachelor es satt, niemals war er verärgert, niemals ließ seine Liebe nach. Und allmählich lernten seine Lisu.

Zu singen lernten sie ebenfalls. Die Konferenz war schon zur Hälfte vorüber, als ich zufällig entdeckte, daß Bachelor kein schlechter Musiker war. Er war von einem der besten Londoner Lehrer unterrichtet worden und hatte ein glänzendes Gedächtnis, das sich ganze Symphonien und Sonaten photographisch einprägen konnte. In den Lisubergen war Bachelor neun Jahre lang lediglich im Besitz einer tragbaren Orgel gewesen, und doch war er nach seiner Rückkehr noch in der Lage, nach einigen Übungsstunden Konzerte zu geben.

Man »entdeckt« einen Menschen wie Bachelor nicht auf einmal. Einige Leute tragen ein Verzeichnis mit ihren Leistungen wie eine Kette um den Hals. Weniger als zwei Stunden in ihrer Gegenwart reichen aus, um in Erfahrung zu bringen, wie viele akademische Grade sie haben, welche Ehrungen ihnen zuteil geworden sind, wie viele »große Lichter« zu ihren Freunden zählen und so weiter und so fort. Doch mit dem in Christus verborgenen Leben verhält es sich anders. Es ist in der Tat »verborgen« – will man es sehen, muß man geduldig danach suchen. Es dauerte ziemlich lange, bis ich erfuhr, daß Bachelor einen Titel der Universität von London besaß, und es brauchte Jahre, bis ich entdeckte, daß alle anderen ihn für einen großen Mann hielten – einen »aufstrebenden« Mann im Bereich der Mission. Er sprach nur selten über sich und dann mit äußerster Bescheidenheit; seine Demut überraschte in ihrer Aufrichtigkeit. Christus war dermaßen »gewachsen«, daß Bachelor vergessen hatte, wie sehr er »abgenommen« hatte.

Also lernten seine Lisu den mehrstimmigen Gesang. Bachelor versicherte, daß er niemals ein Gemeindesingen gehört hatte, das dem ihren nahekam. Dieses Buch wird in einer Eingeborenenhütte in Lisuland niedergeschrieben. Vor einigen Tagen hatten wir Besuch von einer Gruppe Lisu; sie stellten sich um die kleine Orgel auf und sangen in ihrer Sprache:

»Halleluja, es ist vollbracht!
Ich glaube an den Sohn.
Das Blut des Gekreuzigten hat mich heil gemacht!«

Wie der Gesang an Klangfülle zunahm, wurde der Raum gleichsam von den Wogen der wunderbaren Weise überflutet, bis wir in deren Wohlklang badeten, ertranken. Tenor, Baß, Alt und Sopran bildeten eine herrliche Harmonie. Es sangen Menschen, die an ihren Herrn glaubten und ihn aus ganzem Herzen liebten. Diese Musik klang so wunderbar, daß John und ich hingerissen waren. Einer der Sänger war um Jesu willen im Gefängnis gewesen, ein anderer war um dieses teuren Namens willen geschlagen worden, und beinahe alle hatten Verfolgungen erlitten. Damals begriffen wir, warum Bachelor den Gesang seiner Lisu rühmte: der freudige Glaube an die Wahrheit der Worte, die sie singen, erfüllt die Lieder mit Leben.

Rasch vergingen die Tage der Konferenz, und bald kam der letzte Abend: die letzte Botschaft war übermittelt worden, und wir sollten schlafen gehen. Doch in den vergangenen Tagen waren die Herzen angerührt worden, und beinahe wie von selbst versammelten wir uns im Wohnzimmer des Häuschens. Ich sehe es noch vor mir: Der Raum wurde von prasselnden Kiefernscheiten im großen Kamin erleuchtet; die älteren saßen auf Stühlen, wir jüngeren auf dem Boden. Das Zimmer barst vor Leuten, und als Bachelor um »ein letztes Wort« gebeten wurde, mußte er in der Tür stehen, damit die Leute drinnen und draußen alles verstehen konnten. Viele hatten Tränen in den Augen, wie er so hochgewachsen männlich dastand. Besaß er nicht jene herrliche Gabe, jenes seltene Privileg der Bildung, das nur die Kultur zu »schätzen« vermag, jene starke, unverfälschte Männlichkeit? Und das alles wollte er bei lebendigem Leibe in wilden Bergfesten begraben, wo niemand auch nur ahnte, wie viel Begabung und intellektueller Glanz auf ihn »verschwendet« wurde.

Solch eine Atmosphäre herrschte, und Bachelor muß das gespürt haben. Er zitierte einfach die Bibelstelle: »Wer mir folgen will, der verleugne sich selbst und nehme sein Kreuz auf sich täglich und folge mir nach. Denn wer sein Leben erhalten will, der wird es verlieren; wer aber sein Leben verliert um meinetwillen, der wird es erhalten« (Luk. 9, 23–24). Während die emporzüngelnden Flammen Licht und Schatten auf sein Gesicht warfen, sprach Bachelor mit ernster Stimme: »Ihr dürft mich nicht bedauern. Christus hat verheißen: ›Wahrlich, ich sage euch: Es ist niemand, der Haus oder Brüder oder Schwestern oder Mütter . . . oder Äcker verläßt um meinetwillen und um des Evangeliums willen, der nicht hundertfach empfange: jetzt in dieser Zeit . . . und in der zukünftigen Welt das ewige Leben‹« (Mark. 10, 29. 30).

»Die Verheißung gilt diesem Leben – *hundertfältig* – und dem kommenden«, sagte Bachelor in tiefem Ernst. »Und die ihr mich bedauert und meint, daß ich Vater und Mutter, Brüder, Schwestern, Häuser und Äcker ›verliere‹, wißt nicht, daß ich bereits ›hundertfältig‹ empfangen habe. In den Lisubergen habe ich mehr als hundert Väter, Mütter, Brüder und Schwestern. Ich hatte Typhus und war weit von jeder ärztlichen Hilfe oder Freunden meiner Hautfarbe entfernt. Eine Zeitlang lag ich im Delirium, doch immer, wenn ich zu mir kam, fand ich meine Lisuväter und -mütter beiderseits neben mir knien, meine Hände halten, weinen und beten. Für die Liebe einer Mutter habe ich hundert gewonnen, für die Liebe eines Bruders oder einer Schwester Hunderte.

Häuser? Äcker? Jedes Haus, jeden Acker auf Tausenden von Quadratkilometern faszinierender Hochgebirgslandschaft kann ich mir wünschen und nehmen. Ich kann tagelang wandern, und jeden Fleck, auf den ich meinen Fuß setze, kann ich nach Belieben in Besitz nehmen!«

Bachelor, die meisten deiner an jenem Abend geäußerten Worte sind vergessen, doch *dich,* deine starke Ausstrahlung, die Schärfe deines Verstandes, dein musikalisches Talent und die vielen anderen Begabungen, die du zu Christi Füßen niedergelegt, um seinetwillen »verloren« hast, und den ernsten Klang deiner Stimme, als du über den bereits empfangenen Lohn Zeugnis ablegtest, wird niemand von uns vergessen. Wie mangelhaft bemißt die Welt Verlust und Gewinn! Einen Augenblick einsparen und die Ewigkeit verlieren, und in dem Augenblick herausfinden, daß der Gewinn letzten Endes nicht der Mühe wert ist.

»Miß dein Leben am Verlust, nicht am Gewinn,
nicht am genossenen Wein, sondern am ausgeschenkten Wein.
Denn der Liebe Macht liegt in der Liebe Opfer,
und wer am meisten leidet, kann am meisten geben.«

Ein noch größerer »Verlust« erwartete Bachelor, ein Verlust, den seine an dem Abend ernst und nachdenklich ins Feuer blickenden Augen nicht vorhersehen konnten. Doch die Wahrheit um den hundertfältigen Gewinn, die sein Herz triumphierend verkündete, verließ ihn nicht, obwohl er sie erst »sehen« durfte, nachdem der Verlustschmerz und das Herzeleid seinen Blick freigegeben hatten.

* * *

Die Konferenz war zu Ende; jeder kehrte in seine Heimatstadt zurück. Eine Seereise trennte Bachelors Abfahrtshafen von meinem Heim. Vor seiner Ausreise sollte er für die Freunde der China Inland Mission in meiner Stadt eine Ansprache halten; er wollte während seines Aufenthaltes bei einem alten Freund wohnen.

Nach der Landung trat ihm der Freund auf dem Kai jedoch mit der Nachricht entgegen, daß sein Haus in der vergangenen Nacht abgebrannt wäre. Somit könnte er ihn nicht beherbergen! Kannte er vielleicht jemand anderes in der Stadt? Mein Vater hatte Bachelor früher einmal eingeladen; daher rief er uns an und bat um Unterbringung. Selbstverständlich sagte Vater zu, wenn er auch Mutters Mißbilligung fürchten mußte. Mutter war Christin, war sogar einmal Vorsitzende der Frauen-Missionsgesellschaft gewesen; doch wenn es darum ging, daß *ihre* einzige Tochter sich in den Missionsdienst begeben wollte (große Pläne hatte sie mit dieser Tochter!), war das etwas völlig anderes. In dieser Hinsicht war sie äußerst empfindlich und vermied jeden Kontakt mit Missionsgesellschaften, besonders der China Inland Mission, bei der ich mich bewerben wollte, damit sie meine »törichten romantischen Ideen« nicht noch unterstützten. Und jetzt sollte ein China Inland Missionar eine Woche lang unter ihrem Dach wohnen!

Solch ein schwieriges Terrain betrat Bachelor an dem Sommerabend. Wie er es angestellt hat, weiß keiner von uns, doch noch ehe die Woche vorüber war, lobte meine kleine Mutter ihn in den höchsten Tönen! Sie versicherte, niemals einen Gast gehabt zu haben, der ihr weniger Mühe bereitet hätte. Und seine Bildung . . . kein bißchen schwärmerisch . . . war so umfassend; er konnte zu jedem Thema etwas sagen! Und was seine Musik betrifft . . . Meine Mutter war Musiklehrerin gewesen, hatte ein wenig komponiert, und nie waren ihre Kompositionen von einem Verleger zurückgewiesen worden; doch versicherte sie, daß sie von ihm noch lernen konnte. Wieviel Bachelor in der Stille unternahm, meine Tür nach China aufzuklinken, weiß ich nicht. Aber ich weiß, daß ich in dieser Woche, aufgrund des vertrauteren

Umgangs mit ihm ein- oder zweimal Gelegenheit zu persönlichen Gesprächen über das praktische Geistesleben hatte. Diese Gespräche legten den Grund für mein christliches Leben, und dafür bin ich Gott noch immer dankbar. Bachelor war der erste, der mir den »Gesichtspunkt der zweiten Meile« nahebrachte. Hat man dessen Köstlichkeit erst einmal erlebt, gibt man sich mit weniger nicht zufrieden!

Obgleich Bachelor das Herz meiner Mutter sanft und liebenswürdig gewonnen hatte, war er sich sehr wohl dessen bewußt, daß dieses Herz gegen den Ruf seines Kindes als Opfer für Christus gewappnet war. Trotz all ihrer Begeisterung für die Mission betrachtete Mutter sie innerlich als »Wohlfahrtseinrichtung«. (Ob vielleicht andere auch so denken?) Und die Tochter, für die sie alles so sorgfältig geplant hatte, von »Almosen« leben! – Erbittert rebellierte ihr Stolz dagegen.

Vor Bachelors Abreise wurde mir eines Morgens Gelegenheit zur Aussprache über meine Probleme geschenkt. Wir begaben uns zum nahegelegenen Strand und ließen uns nieder, um uns unter vier Augen zu unterhalten. Ich wußte um die beständige Auflehnung meiner Mutter gegen meinen »Ruf« nach China, und deshalb hatte ich Bachelor gebeten, diese für mich zu »analysieren«. Doch schien er an jenem Morgen bedrückt, so als schweiften seine Gedanken in die Ferne. Also bat ich ihn als Einstieg, mir einen Bibelvers herauszusuchen, der mich zum Moody-Bibelinstitut begleiten sollte, falls der Herr mir den Weg dorthin öffnete. Bachelor unterstrich den Vers: »Alle eure Sorge werft auf ihn; denn er sorgt für euch. Seid nüchtern und wacht; denn euer Widersacher, der Teufel, geht umher wie ein brüllender Löwe und sucht, wen er verschlinge. *Dem widersteht . . .«* (1. Petr. 5, 7 ff.). Die letzten Wörter unterstrich er doppelt. Wiederum erschien er geistesabwesend, und seine Augen wanderten über die glitzernden blauen Wellen, die im Morgenlicht tanzten.

»Du möchtest nach China gehen, Isobel?«

»Ja.« – Eine überflüssige Frage. Ich fragte mich, warum er sich so seltsam, gleichsam niedergeschlagen, benahm.

»Du stößt auf großen Widerstand. Ich habe das Gefühl, daß deine Mutter niemals mit deiner Berufung einverstanden ist . . . ich bezweifle, daß du jemals dorthin gelangst.« Es folgte eine lange Pause, in der auch mich die Niedergeschlagenheit überkam.

Dann sagte Bachelor: »Du bist noch sehr jung, stimmt's?« Ich verriet ihm mein Alter.

»Ja«, murmelte er vor sich hinbrütend darauf: »Auch wenn du ins Moody-Bibelinstitut eingetreten bist, ist noch nicht alles gewonnen. Satan könnte versuchen, dich sogar davon abzubringen! Mit der Gesundheit deiner Mutter steht es nicht zum besten, und vielleicht passiert folgendes: Deine Mutter erkrankt, fühlt sich schlechter als sie wirklich ist und schickt dir ein Telegramm, das dich zur sofortigen Heimkehr auffordert. Wenn du dann tatsächlich abreist, ist sie bei deiner Ankunft vielleicht wieder so gesund, daß sie dich vom Bahnhof abholen kann, und du verlierst die Chance, Moody zu absolvieren. Wie lange braucht man von hier bis zum Institut? – Fast eine Woche, meines Wissens.«

»Ja.«

»Also, sollte dich ein Telegramm dieses Inhalts erreichen, rate ich dir folgendes: Du darfst *nicht sofort* abreisen, sondern mußt zuerst deinen Koffer packen und dir eine Fahrkarte besorgen. Des weiteren rate ich dir, dem nächsten Sekretär der CIM zu telegraphieren, damit er sich erkundigt, ob die Erkrankung deiner Mutter wirklich besorgniserregend ist oder nicht. Vielleicht erspart eine beruhigende Rückantwort dir die Heimreise, und du kannst, kurz gesagt, bis zur Prüfung am Institut bleiben.«

An dieser Stelle halte ich ehrfurchtsvoll inne, denn ich befinde mich auf hochheiligem Land. Wer weiß, wie tief das geisterfüllte Herz in Christus ruht?

Bachelor, ist dir bewußt, daß an jenem Sommermorgen eine Prophezeiung durch dich ergangen ist? Keine menschliche Vorausschau, ganz gleich wie intelligent der Ahner, hätte die Ereignisse vorhersagen können, die noch vor Jahresfrist eintrafen. Und obwohl Bachelor in einigen Einzelheiten irrte, gab er mir genau die Waffen in die Hand, mit denen ich Satan in der noch unbekannten Zukunft besiegen konnte.

Um die Vollmacht eines geisterfüllten Lebens zu belegen, erzähle ich Ihnen, was sich später zugetragen hat:

Im September traf ich bei Moody ein. Im Dezember erhielt ich ein Telegramm mit der Nachricht, daß meine Mutter nach einer Operation gestorben sei. Was ich erst sehr viel später in Erfahrung brachte, war, daß sie am Vortag ihrer Krankenhausaufnahme einer alten Freundin geschrieben hatte: »Wenn ich Rückschau über mein Leben halte, die geschäftige Gemeindearbeit und alles, empfinde ich, daß viel davon ›Holz, Heu und Stroh‹ gewesen ist. Vielleicht hat meine kleine Tochter mit ihrem Wunsch, sich Gott ganz hinzugeben, das bessere Teil erwählt. Wenn Gott mich nach der Operation morgen verschont, will ich versuchen, auf ›Gold, Silber und kostbare Steine‹ zu bauen.« Obwohl sie keinem Familienmitglied jemals ihren Gesinnungswandel in bezug auf meinen missionarischen Ruf mitgeteilt hat, hatte ich stets das Gefühl, mit dem Segen meiner Mutter nach China gekommen zu sein.

Nur wenige Wochen nach dem schmerzlichen, so

unverhofft eingegangenen Telegramm rief mich ein zweites aus dem Unterricht. Es kam von meinem Bruder, der zu der Zeit äußerst heftig gegen meine Reise nach China war, und lautete: »Vater lebensgefährlich verletzt, Aufzugunfall. Rückkehr sofort.«

Nach dem ersten Schmerzensschrei – es war einfach zu viel – hörte ich plötzlich Bachelors Worte: »Satan könnte versuchen, dich vom Institut abzubringen« und danach seinen praktischen Ratschlag. Ich erzählte Mr. Isaac Page von der China Inland Mission davon; er wohnte damals in Chicago und versprach, sich ums Telegraphieren zu kümmern. So ruhig wie möglich bereitete ich mich auf die Abreise vor und wartete. Noch vor dem Abendessen erhielt ich vom nächsten CIM-Sekretär eine beruhigende Rückantwort: »Vater erholt sich. Läßt grüßen. Auf keinen Fall Heimkehr.« Folglich war, wie jemand, der diese Kämpfe kennt, es ausdrückt, »Satan verkauft«.

* * *

Kommen wir zu Bachelors »Verlust«. Er, der meine Zukunft so klar vorhergesehen hatte, war auf seine eigene kaum gefaßt. So geht Gott bisweilen mit seinen Propheten um. »Wer keine Erlebnisse im Dunkeln hat, kann bei Licht keine Geheimnisse mitteilen«, versichert eine Schwester vom gemeinsamen Leben aus Indien. Also wurde Bachelor gestattet, ins Dunkel einzutreten.

Als er von der Hoffnung erfüllt, seine lieben Freunde bald wiederzusehen, in Shanghai gelandet war, wurde er von dem höflichen doch bestimmten Gesuch überrascht, nicht nach Lisuland zurückzukehren, sondern im Gegenteil eine Vakanz am anderen Ende Chinas zu füllen. Der Bittsteller war ein so offensichtlich vom Geist geleiteter Mann, so mitfühlend in der Erkenntnis, was für Bachelor bedeutete, daß letzterer darin den Willen Gottes sah. Doch muß man sein Leben öfter als einmal »verlieren«? Und wie steht es mit dem »hundertfältigen« Ertrag? Muß man auch den verlieren?

Ja, auf dem Weg des Christen gibt es mehrere zweite Meilen. Erinnern Sie sich: Die erste Meile ist ein Muß: »Wenn dich jemand nötigt, eine Meile mitzugehen . . .«

Die zweite jedoch wird lediglich aufgezeigt, nahegelegt, und dann wartet der Meister darauf, daß man sie opfert: ». . . so geh mit ihm zwei.« Die Triebkraft dieser geflüsterten Andeutung ist die Liebe. Bachelor mußte seine Lisu, sein »Hundertfaches«, nicht aufgeben. Hätte er darauf bestanden, hätte er zweifelsohne zu ihnen zurückkehren können. Doch obgleich es ihm das Herz zerriß, war er nicht in der Lage, die zweite Meile zu verweigern, wenn Christus sie so liebevoll aufzeigte. Schon einmal hatte Bachelor sein Leben verloren und es hundertfältig in der Zuneigung seiner Lisugeschwister wiedergefunden. Jetzt sollte er es erneut verlieren und dazu auch noch die Fühlung mit seinem hundertfältigen Ertrag.

Noch Wochen nachdem die Entscheidung gefallen war, konnte Bachelor kaum einem seiner Freunde von der Konferenz schreiben. Und als mich schließlich eine Nachricht erreichte, bestand sie quasi nur aus einem Wort. Er zitierte: »Wer sein Leben erhalten will, der wird es verlieren; wer aber sein Leben verliert um meinetwillen und um des Evangeliums willen, der wird es erhalten«, mit dem schlichten Kommentar: »Gott möchte, daß ich mein Leben um seinetwillen verliere.« O wie die Schmerzenstränen seine Vision von dem zweiten hundertfältigen Ertrag beeinträchtigten, der aus diesem zweiten großen Verlust resultieren mußte!

Selbst jetzt noch flößen die Gedanken an diesen zweiten Verlust meinem Herzen Ehrfurcht ein. Immer wenn ich daran denke, taucht Bachelors vom Feuer beschienenes Gesicht vor mir auf, und ich höre seine Stimme: »Für die Liebe einer Mutter habe ich hundert gewonnen, für die eines Bruders oder einer Schwester Hunderte!« Nun, die Lisu waren Bachelors Leben. Wie konnte er es ertragen, nicht mehr unter ihnen zu arbeiten?

Fünf Jahre später traf ich Bachelor wieder. Am Anfang dieser Jahre stand angesichts der Hindernisse Bachelors Bemerkung: »Ich bezweifle, daß du jemals nach China gelangst.« Am Ende stand ich als Probekandidat der China Inland Mission in Shanghai und war für den Bezirk ausgewählt worden, den Bachelor mittlerweile als Superintendent verwaltete! Und dazwischen stand – GOTT!

Bachelor sollte die neuen Mitarbeiter von Shanghai aus zu seinem Bezirk geleiten; und so wartete ich auf eine Gelegenheit, die Geschichte des zweiten »Verlustes« zu hören. Ich mußte mich sehr behutsam danach erkundigen, denn man soll die heilige Herzenskammer eines anderen Menschen nicht ausspionieren, und erhielt dennoch eine wundervolle Antwort. Bachelor sagte einfach: »Y (das Gebiet seiner Lisu) war meine Rahel, doch K (an diesen entlegenen Ort wurde er gesandt), war meine Lea.« Es war klar, was er damit sagen wollte. Die Lisu liebte er inniglich, doch der andere Ort hatte ihm in seinem Dienst noch mehr Frucht gebracht. Ein Ertrag, der das HUNDERTFACHE übertrifft? Aber: »Wer sein

Leben verliert um meinetwillen, der wird es erhalten.« – Ein großes Heil!

* * *

Es folgt eine weitere Skizze dieses inspirierenden Lebens. Wir befinden uns in Kanada und stehen vor der kleinen Kirche einer Stadt, die nicht weit vom Ort der Konferenz entfernt liegt. Der Hauptredner in jenem Jahr war ein bekannter Evangelist aus Wales, ein wundervoller Vertreter des siegreichen christlichen Lebens. Er hatte gerade seine Botschaft in der kleinen Kirche zu Ende gebracht und wollte in die Alte Welt zurückkehren. Auf dem Gehweg stand er umringt von Gemeindemitgliedern, und im Vorübergehen hörte ich jemand die Frage stellen: »Wie sieht ein geisterfülltes Leben aus?«

Da mich diese entscheidende Frage interessierte und ich auf die Antwort unseres berühmten Gastes brannte, blieb ich am Rand der kleinen Gruppe stehen.

Über das ganze Gesicht strahlend lächelte der Evangelist den Fragesteller an. »Ich will in einem Beispiel antworten«, sagte er. »Vor zwei Jahren wurde ich das erste Mal als Redner zur Föhrenwald-Konferenz eingeladen. Im Jahr davor war ein Missionar der China Inland Mission namens – (es handelte sich um Bachelor!) bei den »Föhren«. Als ich im folgenden Jahr dort eintraf, ruhte seine Ausstrahlung *noch* auf jedem, der mir begegnete. Das ist geisterfülltes Leben!«

»Hundertfältig!« – »Da ist niemand, der . . . verlassen hat um meinetwillen und um des Evangeliums willen, der nicht hundertfältig empfängt.« Hundertfältig in Lisuland, hundertfältig in Amerika, zurück nach China, um sein Leben erneut zu verlieren, und dann mehr als hundertfältig bei den Chinesen!

»Mancher stellt sich reich und hat nichts, und mancher stellt sich arm und hat großes Gut« (Spr. 13, 7).

Dorothy – bist du *hierzu* bereit?

Im Jahr vor Bachelors Föhrenwald-Engagement war ich auf meiner ersten Sommerkonferenz. Hausmutter und -vater unserer Föhren-Konferenz hatten für meine Teilnahme gebetet. Der Gebetslast, die sie für mich getragen hatten, überhaupt nicht bewußt, kam ich allein und ziemlich scheu dort an. Ich war gespannt, als was sich diese »Sommerkonferenz« entpuppen würde. Meinen Weg aus dem modernen Agnostizismus suchend, war ich wie geschmolzenes Wachs für jede mögliche Formung bereit. Wie oft habe ich Gott dafür gepriesen, daß die »Formungen«, die ich damals erlebt habe, ganz von Menschen der zweiten Meile ausgegangen sind!

Ich höre noch die heitere Stimme der Hausmutter mit ihrem freudigen Willkommen, als ich »unserer Edna« vorgestellt wurde. Ich sollte mit ihr in einem Häuschen unter den Föhren wohnen, das einige hundert Meter entfernt lag. Doch zunächst werde noch eine Versammlung stattfinden, ich möchte mich einfach ins Wohnzimmer begeben. Das war das Wohnzimmer, in dem Bachelor uns ein Jahr später von seinem hundertfältigen Ertrag berichtete . . . Das Feuer flackerte im Kamin, und eine Flut junger Gesichter brachte mich in leichte Verlegenheit. Ihr herzliches Willkommen jedoch ließ mich hier bald heimisch fühlen.

Ich möchte für einige Seiten vom Thema abschweifen, um Sie flüchtig mit »unserer Edna« und einer anderen Person aus der Schar der Bodenhocker bekanntzumachen. Von allen Gesichtern kann ich mir nur eines deutlich in Erinnerung rufen – sanfte dunkle Augen und ein strahlendes Lächeln, das allein schon die Herzensgüte verriet, an die viele sich in tiefer Dankbarkeit zu Gott erinnern. Sie selbst bezeichnete sich vergnügt als meine »Twin-Sister« (Zwillingsschwester), denn die Hausmutter beharrte darauf, daß wir uns sehr ähnlich sahen, und ich nahm das Kompliment gern an. Twin-Sister hat Vassar, ein Töchtercollege im Staat New York, absolviert, und Christen geben stolz zum besten, daß sie aus einer der reichsten Familien ihres Bundesstaates stammt. Doch Christus ist ihr derjenige geworden, der allen irdischen Idolen ihren scheinbaren Reiz nimmt – Reichtum, soziale Stellung und Ausbildungsstand. Sie war so schlicht gekleidet und bewegte sich so anmutig und natürlich unter den anderen jungen Frauen, die an der Konferenz teilnahmen, daß Mädchen aus den unterschiedlichsten Bevölkerungsschichten sich in ihrer Gesellschaft wohlfühlten. Kein Herz konnte dem liebevollen Lächeln und der teilnahmsvollen Berührung seine Geheimnisse vorenthalten.

Jahrelang wollte sie als Chinamissionarin zu uns anderen stoßen, doch ihre gebrechliche verwitwete Mutter ging vor. Schließlich bahnte Gott selbst den Weg und fügte obendrein noch einen guten Ehemann hinzu. Die Hausmutter besuchte sie in China und schrieb mir: »Twin-Sister und ihr Mann bilden in C. eine geistliche Macht, mit der man rechnen muß . . . Ihr Heim ist in der Tat ein Zentrum für den Herrn.«

»Unsere Edna« war in jenem Jahr Leiterin der Jugendgruppe, und wir gingen ehrerbietig sanft mit ihr um, wie man halt jemanden behandelt, an dessen Tür ein Trauerflor hängt. Edna war noch keine 30 Jahre alt und bereits Witwe. Sie und ihr Ehemann Ellis waren prächtige Missionare in einer der größten Städte Chinas und erst wenige Monate lang verheiratet, als sie sich entschlossen, ihren Sommerurlaub an einem bewaldeten Ort zu verbringen, wo es einen Teich zum Schwimmen gab. Beide waren gute Schwimmer. Als sie eines Morgens gerade am Teich ankamen, vernahmen sie einen Hilferuf. Eine Missionarin, die kurz vorher ins Wasser gegangen war, befand sich in Gefahr. Ohne zu zögern, sprang Ellis hinter ihr her und hatte sie kurze Zeit später in Sicherheit, doch er selbst verschwand seltsamerweise in den Fluten. Außer sich vor Schmerz tauchte die junge Braut nach ihm, ohne sich um die Verletzungen zu kümmern, die sie an den Klippen erlitt. Verzweifelt tauchte sie immer und immer wieder, um ihren geliebten Mann ausfindig zu machen. Noch lange nachdem jede Hoffnung, ihn lebend wiederzusehen, geschwunden war, suchte sie schwimmend weiter. Endlich sah sie seinen Körper hinter dem Wasserfall liegen. Sie nahm ihre letzten Kräfte zusammen, sprang ein letztes Mal ins Wasser und schleppte ihre teure Last ans Ufer.

Beobachter des Vorfalls erzählten, daß sie nach Erreichen des Ufers auf einen Baumstumpf niedersank und die Hände vors Gesicht schlug. Als sie kurze Zeit später aufblickte, bemerkte sie einige entsetzte Chinesen, die sie und die leblose Gestalt beobachteten. Sie vergaß Schmerz und Kummer, stand auf und lief zu ihnen hinüber. Sie erklärte ihnen, daß der Körper lediglich die irdische Hülle ihres Ellis sei; das, was ihn ausmachte, die unsterbliche Seele, habe sich zu Christus aufgemacht, und diese Hoffnung habe jeder Mensch. Verstehen Sie jetzt, warum wir ehrerbietig sanft mit Edna umgingen?

Ich hatte das wunderbare Vorrecht, während der Konferenztage an Ednas Innenleben teilzuhaben. Ellis' Bibel lag unter ihrem Kopfkissen und war abends ihr letzter und morgens ihr erster Gedanke. Was für Lektionen im praktischen Christsein konnte ich still aus dieser Verbindung ziehen! Also hob ich wie selbstverständlich meine Hand mit den anderen, als Edna nach ihrem letzten Bibelunterricht dazu aufrief, sich Gott bedingungslos zur Verfügung zu stellen. Wie konnte ich auch anders, nachdem ich zehn Tage lang erlebt hatte, wie Jesus Christus sich im Leben eines Menschen offenbarte. Ich war überrascht über ihre Freude, überrascht darüber, daß sie das nicht erwartet hatte.

»Ich sah einen Menschen, brennend für Gott;
ich fühlte eine göttliche Macht.
Wie durch ein leeres Gefäß aus Erde
erblickte ich Gottes unendliche Pracht!
Dann wachte ich aus einem Traum
und rief laut aus:
›Mein Vater, o schenke mir
Segen für ein gottverzehrtes Leben,
damit ich leben kann nur dir.‹«

Jahre später erfuhr ich den Grund für Ednas Freude. Keiner von uns glücklichen jungen Leuten ahnte, was es für Edna bedeutete, sich selbst und ihren frischen Kummer jeden Tag zu »verlieren« und uns Botschaften aus der Schrift zu vermitteln. Doch am letzten Tag stand sie kurz vor dem Zusammenbruch. Vor der Unterrichtsstunde stürmte sie in den Raum, in dem der Konferenzausschuß tagte und rief: »O ich kann sie heute nicht übernehmen! Bitte, einer von euch soll den Unterricht abhalten! Ich habe nichts zu sagen, und heute ist die letzte Versammlung, und die ist so wichtig. Bitte erspart mir die Stunde heute!«

Doch der Ausschuß wußte um Ednas Wirkung auf die jungen Leute und wollte sie nicht vom Unterricht befreien. Man sandte sie mit den Worten zurück: »Wir beten für dich solange der Unterricht dauert.« Gott wirkte durch das zertrümmerte Gefäß, und in diesem Augenblick legen fünf von denen, die sich bei der Versammlung hingegeben hatten, die Edna »nicht übernehmen« konnte, ihr Zeugnis von Gott in China ab, ganz zu schweigen von denen in anderen Ländern.

* * *

Gott in dir

Nicht nur die Worte, die du sagst,
nicht nur die Taten, die du wagst,
doch auf die unbewußteste Weise
drückst du Christus aus – leise.

Ein Lächeln der Glückseligkeit,
auf deiner Stirn ein heilig Licht;
o nein, sein Hiersein ist nicht weit,
dein lachendes Gesicht.

Mit deinen Blicken ruft er mich,
dein Herz strömt seine Liebe aus.
Am Ende da verlier' ich dich
und sehe stattdes Christ.

(Nach A. S. Wilson)

In den ersten Tagen jener Konferenz, als ich vom Christsein noch unfertige, vage Vorstellungen hatte, lernte ich Dorothy kennen. Vor einem Spiegel bürstete sie ihr welliges braunes Haar und, wie so oft bei diesem strahlenden Menschen, unterhielt sich ausgelassen mit den anderen. Dabei führten die Grübchen auf ihren rosigen Wangen mit gewinnender Anmut einen Freudentanz auf. Ich fand sie sehr attraktiv und war hoch erfreut, als sie mich zu einem Spaziergang einlud.

Dorothy sehnte sich insgeheim danach, bei diesem jungen Mädchen, das in bezug auf die tieferen Dinge offensichtlich noch so unerfahren war, »ein Wort für Jesus einzulegen«. Und genau das hatte sie im Sinn, als sie den Spaziergang vorschlug. Aber irgendwie traten lediglich lächerliche Belanglosigkeiten zutage, und eine lustige Bemerkung jagte die andere. Eine zerquetschte Kröte am Wegesrand zum Beispiel wurde bei dem Versuch, die Maßregelungen des Lebens zu diskutieren, symbolhaft überhöht. Als wir uns trennten hatte Dorothy das Gefühl, versagt zu haben. Sie ahnte nicht, daß der Mensch, dem sie hatte helfen wollen, sich entzückt von diesem Einblick in den menschlichen Liebreiz des Christus ähnlichen Mädchens auf den Heimweg machte.

». . . sein Hiersein ist nicht weit,
dein lachendes Gesicht.«

Ein geisterfülltes Leben kann nicht »versagen«. Es trägt selbst dann Frucht, wenn es scheinbar überhaupt nichts ausrichtet. Der Spaziergang ließ Dorothy dort »Einfluß« über mich gewinnen, wo eine »Predigt« eine dauerhafte Mauer zwischen uns aufgerichtet hätte. Trug ich doch damals eine verstandesmäßige Rüstung, in die ich immer dann heimlich schlüpfte, wenn ein »Rückständiger« mir eine »Predigt halten« wollte!

Oswald Chambers schreibt: »Die Menschen, die den größten Einfluß auf uns ausüben, sind nicht diejenigen, die uns festhalten und mit uns reden, sondern die, die wie die Sterne am Himmel und die Lilien auf dem Feld völlig einfach und natürlich leben. Diese Menschen formen uns.« Einem gewaltigen Irrtum sitzt der auf, der glaubt, daß geisterfüllte Männer und Frauen anderen Menschen ständig Strafpredigten halten müssen. »Voll des Geistes sein«, ist eine erste Voraussetzung für einen Menschen der zweiten Meile und bedeutet lediglich eine Absage an das Selbst und die glaubensmäßige Annahme des Lebens Christi, die sein Heiliger Geist in uns wirkt.

»Viele, die im Glauben diese Fülle beanspruchen und, ihrer Erkenntnis entsprechend, hingebungsvoll und gehorsam leben, sind enttäuscht und verwirrt, weil sie keiner besonderen Offenbarung gewahr werden. Sie erwarten ein lebhaftes Gefühl der Vollmacht . . . Aber wir wollen uns das zu Herzen nehmen, was andere aufgezeigt haben, daß nämlich das Hauptanliegen des Geistes unsere *Heiligung* ist. Das beste Zeugnis ist nicht Gabe, sondern Gnade . . . Der Geist teilt die Gaben zu. Einer hat vielleicht die Gabe zum Predigen, ein anderer die Gabe der Fürbitte, ein anderer die Gabe für persönliche Gespräche und wieder ein anderer die der Leitung. Noch andere können ihren Herrn durch irgendeine scheinbar niedrige Arbeit verherrlichen wie Bruder Lorenz, der ›die Gegenwart Gottes‹ in der Klosterküche erlebte.

›Ein Werk demütiger Liebe zu tun
für den, dem ich aufwarte.‹

Aber es muß wiederholt werden: Öffnest du dich seiner Fülle, wird dein Leben mit Sicherheit reicher. Du bist nicht mehr derselbe.«*

Dorothy ging durch die nach Kiefernharz duftende Luft den sich zwischen schlanken Baumstämmen durchschlängelnden Pfad entlang zurück. Was war überhaupt mit ihr los? Sie war mit Isobel zu dem Spaziergang aufgebrochen, um über deren Seele zu sprechen. Das hatte sie sich vorgenommen und es am Ende doch nicht

* Aus A. S. Wilson. Concerning Perplexities, Paradoxes & Perils in the Spirit-led Path (Über Unsicherheiten, Widersprüche und Gefahren auf dem geistgeleiteten Pfad).

getan! Da waren Edna und Twin-Sister, beide taktvolle Seelengewinner . . ., die hätten sich nicht so ins Bockshorn jagen lassen! Aber die waren ja auch gescheit; beide hatten einen Collegeabschluß und Dorothy nicht. Versetzte ihre Klugheit sie in die Lage, andere Menschen zu einer Entscheidung für Christus zu führen? Nein. Dorothy war zu gut unterrichtet, um das ernstlich zu glauben. Nur der Heilige Geist kann der Sünde überführen und einen Menschen das Geheimnis der »Wiedergeburt« erleben lassen. Konnte der Heilige Geist sie, Dorothy, also nicht gebrauchen? Mutlosigkeit und Unglaube hatten sich die Hand gereicht, und einen Augenblick lang erlitt sie eine Niederlage.

Vor 500 Jahren pflegte ein Mönch im Kreuzgang des Klosters St. Agnetenberg bei Zwolle auf und ab zu schreiten, und vielleicht wurde er von ähnlichen Gedanken geplagt. Er verbrachte sein langes ereignisloses Leben mit dem Abschreiben von Handschriften, mit Lesen und Komponieren in der friedlichen Routine mönchischer Frömmigkeit. Thomas von Kempen verlangte es nur danach, ganz seinem Herrn zu gehören und sich von ihm gebrauchen zu lassen. Doch ein Jahr nach dem anderen verging, und dennoch geschah nichts Ungewöhnliches oder Wunderbares an ihm oder durch ihn. Zwar schrieb er an einem Buch, das er *Nachfolge Christi* betiteln wollte, doch handelte es sich dabei wohl kaum um ein eigenständiges Werk. Nur zu gut wußte er, wie viel Material er lediglich den Gedanken und der deutlicheren Vision anderer entnommen hatte und wie gering sein eigener Beitrag war. Er war nicht in der Lage, die Schönheit und Tiefe seines geistlichen Erlebens zu erkennen, die in dem Buch enthalten sind, und schuf dennoch ein Werk, das seit 500 Jahren als bester Leitfaden zur geistlichen Erleuchtung gilt.

Wir erleben Niedergeschlagenheit, wenn wir das Wirken des Heiligen Geistes in unserem Leben zu »beurteilen« suchen. Das unsrige besteht in einer glaubenden Hingabe an Gott, nicht darin, uns über die Art oder den Wert der Früchte, die er hervorbringt, zu sorgen.

Dorothys besondere Geistesgabe bestand in ihrem Ausstrahlen, der leuchtenden, heiteren Freude auf ihrem Weg mit dem Heiland. Doch wage ich zu bezweifeln, daß sie jemals etwas von dieser Gabe geahnt hat. Sie meinte, daß sie hätte predigen müssen, wenn der Heilige Geist sich tatsächlich ihrer Gabe des Strahlens in vollem Umfang bediente, und das ausgerechnet bei dem Menschen, um den sie im Gebet gerungen hatte. Sie hätte sich an dem Nachmittag wirklich nicht so entmutigen lassen müssen. Die Fülle des Geistes, wie auch unsere Erlösung, können wir nur im Glauben an Gottes Verheißung erlangen, daß der Geist uns geschenkt wird.

Ein paar Tage später deutete jemand bei einem Vortrag auf Dorothy und sagte: »Ich denke, du weißt, daß sie in einigen Monaten mit der China Inland Mission nach China geht?«

Ich war schockiert. Damals fing ich gerade damit an, zu überlegen, ob ich mich für die *Heimat*mission zur Verfügung stellen solle. Der Dienst im Ausland war noch nicht über meinem geistigen Horizont aufgetaucht. Ich betrachtete das anmutige ernste Gesicht, die funkelnden blauen Augen, die rosigen Wangen mit den sonnigen Grübchen, das wellige weiche braune Haar: vielleicht hielten andere sie nicht für gutaussehend, doch für mich war sie es. »*Das* Mädchen und sich in China vergraben! Wofür, um alles in der Welt? Sie hätte leicht einen Mann finden und sich in Amerika ein glückliches Zuhause schaffen können. Warum die ganze Anmut nutzlos in einem alten gelben China vertun?«

Auch in mir war die alte Vorstellung meiner Mutter lebendig: Nur alte Jungfern, Versager und Leute, die es in der Heimat zu nichts gebracht haben, gingen in die Mission . . . Warum sollten sie sonst wohl gehen? Ich war verwirrt und ärgerte mich. Später erfuhr ich, daß Dorothy hätte »heiraten und in der Heimat bleiben« können. Was trieb sie also fort?

* * *

Die Konferenz ging zu Ende, und man nahm seine alte Lebensroutine wieder auf, wobei man die neue Vision auf die alten Pflichten anwandte. Etwa einen Monat danach drang in Port City eine fröhliche Stimme durch den Telefonhörer an mein Ohr. »Mein Schiff sticht morgen in See! Kannst du mich nicht besuchen kommen?«

Dorothy in Port City und nur wenige Häuserblocks entfernt! Welche Freude. »Ja, ich bin in fünf Minuten drüben. Tschüs!« Und schon lief ich los. Ich nahm mir nicht einmal Zeit, mich meiner Schulkleidung zu entledigen, denn ich war inzwischen Lehrerin geworden.

Dorothy befand sich mitten im hastigen Packen, machte aber schnell Platz, damit ich mich setzen konnte, während sie in ihrer Arbeit fortfuhr. Und die ganze Zeit über lachte sie, schwatzte und bekam Grübchen.

»Bekam einen großen Schrecken auf dem Weg hierher! Wir sind per Schiff gekommen, und Mama und ich hatten es uns gerade an Deck gemütlich gemacht, als sie plötzlich fragte: ›Dorothy, hast du das Dampferticket, das Herr Thomson‹ (damals Sekretär der CIM in Port City) ›dir geschickt hat?‹ Wir schauten uns bestürzt an und hatten beide denselben Gedanken. Wenn das Ticket nur nicht ganz unten in einem Koffer verpackt war, der sich höchstwahrscheinlich bereits im Bauch des Dampfers befand!

›O Dorothy!‹ stöhnte Mama. ›Das ganze Geld – wir haben niemals die Zeit, den Koffer zu finden! Was sollen wir nur tun?‹

Ich hatte die Losungen in der Tasche und nahm sie heraus – sie haben mir schon oft geholfen –, und da stand tatsächlich: ›4. September. Bleibe, meine Tochter‹, – du kennst den Rest des Verses? – ›bis du weißt, wie die Sache ausfällt.‹ Es war, als hätte der Herr selbst zu uns gesprochen. Wir nahmen es also aus seiner Hand an und machten uns keine Sorgen.

Als wir in Port City eintrafen, mußte ich Herrn Thomson gegenübertreten und ihm alles erzählen, doch« (an dieser Stelle wurden die Grübchen entzückend sichtbar) »er meinte, der Fall sei nicht so gravierend wie er aussehe, denn er könne ohne großen Aufwand ein Ersatzticket besorgen. *Nun, zahlt es sich nicht aus, dem Herrn zu vertrauen?«*

Und die blauen Augen blitzten mich freudestrahlend an, als Dorothy vom Kofferpacken aufblickte. Sie hatte doch noch gepredigt! Aber da war ihre Stunde gekommen; der Heilige Geist erscheint weder zu früh noch zu spät. Schon bald fiel ihr auf, daß ich erschöpft aussah.

»Was ist los, Isobel?« Jetzt waren keine Grübchen zu sehen, nur freundliches Mitgefühl.

»O es ist der Schulunterricht. Ich bin so unglücklich. Ich fühle mich als Versager! Mein ganzes Leben lang wollte ich Lehrerin werden, und jetzt, wo ich es bin, tauge ich anscheinend nicht dazu.« Und in Dorothys geduldige Ohren ergoß sich eine lange Geschichte über die Nöte meiner ersten Erfahrungen als Lehrerin.

Als sie merkte, daß es sich um nichts Tragisches

handelte, wurden die Grübchen langsam wieder sichtbar, denn Dorothy hatte erkannt, daß »ihre Zeit« gekommen war. Tat sie doch nichts lieber als anderen Menschen von all dem zu erzählen, was ihr wunderbarer Herr für sie getan hatte. Sie stellte das Packen ein und setzte sich neben mich. Ich wünschte, ich hätte all das behalten können, was sie von sich gab, doch Dorothys Predigt blieb nicht immer im Gedächtnis haften; sie selbst war ihre überzeugendste Predigt.

Ich erinnere mich nur an Geschichten über ihre Anfechtungen als Sekretärin, und wie ihr Herr, auf den sie ständig schaute, ihr das geistgeleitete Leben, das in ihm ruhende Leben, das Leben, das nichts fürchtet, das Leben in Fülle, das dauerhaften Frieden und beständige Freude vermittelt, enthüllte. Ihr Lachen ist für mich auf immer mit Philipper 4, 6 verbunden; für den Vers hatte sie eine »eigene« Übersetzung: »Seid um nichts besorgt, nicht einmal um euer Versagen!«

Ich versuchte zu begreifen, doch die Wahrheit, ihr so klar, war mir noch verschwommen. Es war an Bachelor, mir auf der Konferenz im folgenden Jahr die praktische Seite jenes Lebens aufzuzeigen. Von Dorothy nahm ich ihre Begeisterung, eine Ahnung der Gegenwart Gottes und die Tatsache auf, daß ein Leben gelassenen Friedens kein phantastischer Traum, sondern mögliche Realität ist. Dies lernte ich, als sie so mit ernsten, aber freundlichen Augen und sanft rosigen Wangen neben mir saß.

Ich bat sie vor ihrer Abreise um einen »Vers«. Edna hatte mir »Laß dir an meiner Gnade genügen« (2. Kor. 12, 9) mitgegeben. Nach einem nachdenklichen Augenblick sagte Dorothy: »Ich will dir den Vers geben, der als Motto über meinem Leben steht: ›Seid ihr nun mit Christus auferstanden, so sucht, was droben ist, wo Christus ist, sitzend zur Rechten Gottes‹ (Kol. 3, 1).«

. . . und ihr Name steht noch heute über dem Vers in meiner Bibel.

Auf meine Bitte hin überreichte sie mir auch ein Bild von sich. Es stand das ganze endlos lange Schuljahr über auf meinem Schreibtisch, und in mancher Stunde des Zweifels und der Not betrachtete ich es; irgendwie half das.

»Mit deinen Blicken ruft er mich,
dein Herz strömt seine Liebe aus;
am Ende da verlier' ich dich
und sehe stattdes Christus.«

* * *

Nach einiger Zeit trafen Briefe ein . . . fröhliche aus Yangchow, die über das Lernen der Sprache und die fürchterliche Kälte berichteten . . . ein aufgeregter, der von Dorothys Bestimmungsort tief im Binnenland sprach . . . ein lustiger, der mit spaßigen Bemerkungen über die schlechten Reisebedingungen in China angefüllt war. Dorothy war eine hochgewachsene Frau, 1,80 m glaube ich, und dementsprechend schwer; doch mußte sie mit einem kleinen Mädchen reisen, das vor seiner Bekehrung als Tingeltangeltänzerin gearbeitet hatte. Die beiden bewegten sich mit einer Maultiersänfte fort, mit dem Resultat natürlich, daß Dorothys Seite sich stets erdwärts senkte, während das kleine Fräulein Tänzerin immer himmelan flog! Erstaunlicherweise sind sie nur einmal richtig umgestürzt, und dieser Sturz war dann gleich wirklich gefährlich gewesen. Dorothy streifte flüchtig die Prüfungen der langen eineinhalb Monate mit ihrem nicht enden wollenden Holpern, dem Staub und der sengenden Sonne, doch immer sprudelte aus ihrer

Freudenquelle etwas hervor, über das man lachen konnte.

Damals war ich bereits am Moody-Bibelinstitut und fand heraus, daß man Dorothy noch gut in Erinnerung hatte. Satan zuckt nicht mit den Achseln und sagt einem Lebewohl, wenn man in ein Bibelinstitut eintritt. Der Zugang dazu ist ihm sehr wohl bekannt, und er besitzt einen eigenen »Hauptschlüssel«. Anfechtungen und Versuchungen stürmen auf die neue Studentin ein. Manchmal hatte sie den Wunsch, alles hinzuwerfen; doch in solchen Augenblicken tauchte der Gedanke auf: »Dorothy ist in diesen Korridoren gegangen und den gleichen Versuchungen ausgesetzt gewesen. Sie ist nicht davongelaufen. Wenn sie durchgehalten hat, kann ich das auch.« Und dann besuchte ich wieder das anmutige Gesicht auf meinem Schreibtisch, und manchmal sprach ich sogar zu ihm.

Eine meiner größten Segnungen während der Zeit bei Moody war die Schar wundervoller junger Menschen, die ich schrittweise durch Gott kennenlernte. Sie sind jetzt über die ganze Welt verstreut . . . »um seines Namens willen« . . ., aber von ihnen habe ich mehr über das praktische Christsein gelernt als im Unterricht. John, der auf diesen Seiten vorkommt, war einer von ihnen. Eine stille Beharrlichkeit im Verfolgen seines geistlichen Zieles zeichnete ihn aus, und voller Freude erzählte er mir von seiner Aufnahme in die China Inland Mission. Als er sich zu seinem Missionsfeld aufmachte, hatte ich noch ein Studiensemester vor mir. Als ich schließlich zu gehen bereit war, war mir der Weg versperrt.

Im Frühjahr 1927 kam die Missionsarbeit in China zum Stillstand. Die Aufforderung, das Land zu verlassen, erreichte John im Ausbildungszentrum von Anking, Dorothy und Bachelor tief im Binnenland, wo sich letztere gerade aufhielten. Eine durchwachte Nacht in einer winzigen Hütte am Fluß, in der sich weitere zehn Personen befanden, eine beengte Bootsreise, und schon war John in Shanghai. Doch Dorothy und Bachelor erging es anders.

Dorothy hatte zusammen mit einer sowohl an Jahren älteren als auch an Erfahrungen mit Gott reicheren Missionarin in der abgelegenen westlichen Provinz Unterschlupf gefunden. Freudig nahm unsere junge Freundin alles auf, was die ältere Dame lehrte; sie waren sehr glücklich. Als sie fliehen mußten, entschlossen sie sich zum Verkauf all ihrer Habe, um der Ausplünderung zu entgehen, und waren auf diese Weise binnen kurzem bereit, sich der Schar der flüchtenden Missionare anzuschließen. Eine Überlandreise war wegen der wachsenden Ausländerfeindlichkeit und der frisch im Gedächtnis haftenden Greueltaten von Nanking ausgeschlossen. Bachelor führte die Gruppe an, die auf dem Gelben Fluß auf Flößen aus aufgeblasenen Tierbälgen fliehen wollte.

Sie benötigten mehrere Flöße, und Gefahr und Tod verfolgten sie. Die Räuber am Ufer, Strudel, die ein Floß mehrere Stunden lang festhielten, und schließlich Dr. Kings tragischer Tod ließen die anderen Entbehrungen in den Hintergrund treten: das tagein tagaus beengte Zusammenleben in der zeltähnlichen Konstruktion, die in der Mitte des Floßes errichtet worden war und als Schlafstätte diente, und die Unmöglichkeit auch nur einen Augenblick allein zu sein. Doch auch diese Beschwerlichkeiten wurden nur flüchtig gestreift, und bei der Erinnerung an Dorothys Bericht über jene Tage weht gleichsam eine beständige Heiterkeit darüber hinweg.

Bei ihrer Ankunft in Tientsin, der Zivilisation, trug sich eine lustige Begebenheit zu. Im abgelegenen Binnenland tragen die Missionarinnen chinesische Landestracht. Also breitete sich allgemeine Bestürzung über das Fehlen angemessener Kleidung aus, als sie sich plötzlich in einer so modern eleganten Stadt befanden. Dorothy hatte das hübsche Satinkleid behalten, das sie immer in der Heimat trug. Als sie nun die anderen Frauen ihre mißliche Lage bejammern hörte, klopfte sie sich ob ihres Glücks selbst auf die Schulter – hatte sie doch ein Kleid aus dem Westen und dazu noch aus Satin! Als sie sich jedoch »zum Abendessen umziehen« wollte, entdeckte Dorothy zu ihrem großen Kummer, daß ihr elegantes Kleid sich nicht über ihre Schultern streifen ließ. Sie hatte so zugenommen, daß das Kleidungsstück jetzt nutzlos war!

»Was um alles in der Welt hast du dann gemacht, Dorothy?«

Lauthals lachend antwortete sie: »Hab' mir aus meinem Seidennachthemd ein Kleid geschneidert und das getragen, bis ich ein besseres bekommen konnte.«

John waren die Namen Bachelors und Dorothys natürlich nicht unbekannt. Er hatte mir immer gern zugehört, wenn ich in den Tagen am Moody-Institut von ihnen erzählte. Als er also erfuhr, daß sie in Shanghai eingetroffen waren, brannte er auf ein Zusammentreffen mit ihnen. Keiner von beiden enttäuschte ihn. Bachelors Berichte über das Lisuland vermittelten ihm das, was meine nicht konnten: den Wunsch, diesen lieben Menschen sein Leben zu widmen. Aber er sagte niemandem etwas davon. Als der »unwissende« Missionsrat von Shanghai John jedoch für die »Arbeit unter den Urstämmen« in Y . . ., der Provinz, in der Lisuland liegt, bestimmte, war er sicher, daß diese Berufung von Gott ausgegangen war. Er war sich ebenfalls darüber im klaren, daß die vielen in eine andere Richtung gehenden kleinen Führungen jetzt mit allem Notwendigen gekrönt worden waren, um die Offenbarung des Willens Gottes zu vollenden. So kam es, daß er eines Abends seine nichtsahnenden Gefährten mit der Bekanntmachung seiner Verlobung mit Isobel überraschte!

Bald danach stand bei einem geselligen Beisammensein der »Evakuierten« eine hochgewachsene junge Frau mit schelmischen Augen und rosigen Wangen vor ihm und hieß ihn mit ausgestreckter Hand willkommen: »Ich kenn' Isobel auch!« Ich weiß nicht, wer von beiden sich mehr über das Treffen freute. Auf jeden Fall aber waren beide voneinander begeistert, als sie der in der Ferne Wartenden alles berichteten.

Deshalb war es auch ganz natürlich, daß John, als er erfuhr, daß Dorothy zwecks Besuch einer Bibelschule ein früher Heimataufenthalt gewährt worden war, sie aufsuchte und bat, Isobel etwas mitzubringen. Vorsichtig holte er einen schlichten kleinen Verlobungsring hervor. Könnte sie dafür Sorge tragen, daß ihre Freundin ihn bekäme?

Und ob! Wie die Grübchen auf ihren Wangen spielten! Selbstverständlich war sie einfach entzückt über diesen Auftrag! Im Herzen dachte sie sich tausend Dinge aus, mit denen sie Isobel auf die Folter spannen könnte. Dorothys listige Pläne kamen unglücklicherweise nicht zur Ausführung, da sie das Schiff vor dessen Ankunft in meiner Heimatstadt verlassen und den Schatz einer älteren Missionarin anvertrauen mußte. Ich erinnere mich noch gut daran, wie diese Dame mich von oben bis unten musterte und dann bedeutungsvoll sagte: »Sie haben großes Glück!«

Doch keineswegs wollte Dorothy die Gelegenheit verpassen, ihre Freundin »auf die Palme zu bringen«. Nach einigen Wochen kündigte sie mir ihren Besuch an und wollte auch Twin-Sister mitbringen. Klopfenden

Herzens machte ich mich am Ankunftsmorgen zum Kai auf. Es war schon aufregend genug, Dorothy wiederzusehen, und jetzt kam noch dazu, daß sie erst kürzlich John gesehen und gesprochen hatte! Als die Passagiere sich über die Laufplanke ergossen, befanden sich unter ihnen auch jene beiden geliebten Freundinnen, die mich bald darauf in ihre Arme schlossen. Mit der ihr eigenen angenehmen Zurückhaltung und ihrem Zartgefühl stellte sich Twin-Sister sofort in den Hintergrund und »strahlte« von dort stumm Anteil und Freude aus; sie wußte sehr wohl, wieviel Dorothy und ich zu besprechen hatten.

Auf dem Weg vom Kai zu dem abseits gelegenen Frühstücksrestaurant tauschten wir nur lustige Belanglosigkeiten aus. Es wurde verkündet, daß ich »müde aussähe« und nicht soviel arbeiten sollte. Dorothy sah noch so jugendlich, rotwangig und strahlend aus wie vor viereinhalb Jahren, als sie uns verlassen hatte; doch war sie entschieden rundlicher geworden. »Dicker!« Darauf bestand sie ärgerlich. »O und meine Familie! Du weißt, daß ich modische jüngere Geschwister habe, die beide die Uni besuchen! Sie meinen, ich sähe ›unmöglich‹ aus und wollen mich wie toll zu einer Weidengerte abmagern lassen! In meiner Familie darf man kein ›altmodischer Missionar‹ sein.« Und so ging es weiter. Mutwillig wich sie allen Themen aus, die mir so offensichtlich sehnsuchtsvoll auf der Zunge lagen. Aber als wir uns schließlich gesetzt hatten – Twin-Sister in der Ecke neben Dorothy und ich ihnen gegenüber – und die Kellnerin unsere Bestellung ausgeführt hatte, beugte Dorothy sich über den Tisch, blinzelte mich aus blauen Augen schelmisch an, ließ ihre Grübchen tanzen und platzte mit der Bemerkung heraus: »Nun, Isobel, ich *liebe ihn einfach!*« Die unartige Hänslerin hatte das so augenscheinlich geplant, war so offensichtlich darauf aus, mich »die andere Backe hinhalten« zu sehen, daß ich der Lage nicht gewachsen sein konnte. Ich faßte sie also scharf ins Auge und sagte feierlich »ich auch!«, worauf wir alle in herzliches Gelächter ausbrachen.

Fröhliches Sticheln unterbrach oft das ernste Gespräch über tiefere Dinge, die Gott berührten, dessen unsichtbare liebevolle Anwesenheit über der kleinen Frühstücksgesellschaft schwebte. Wir brauchten seinen Namen nicht zu erwähnen; er war so tief und teuer in unsere Herzen geschrieben, daß er wie ein stiller, sich ausbreitender Wohlgeruch spürbar war.

* * *

Jene Sommerkonferenz lebt in meinem Gedächtnis vom Andenken an Twin-Sister und Dorothy. Ich nehme an, daß wir die Eigenschaften unserer Freunde am meisten schätzen, die uns zu fehlen scheinen. Ich, die ich ständig Fehler machte und Dummheiten beging, empfand tiefe Freude, wenn ich Twin-Sister beobachtete. Sie zeichnete sich durch eine beständige geistliche Haltung aus, die sie deutlich von anderen jungen Leuten ihres Alters absetzte. (Beide, sowohl Dorothy als auch sie, waren noch in ihren Zwanzigern.) Darüberhinaus besaß Twin-Sister »ein weises Haupt auf jungen Schultern«. Ich habe nie erlebt, daß das strahlende, gewinnende Lächeln nicht schnell da war. Ich habe nie erlebt, daß sie Anforderungen verkündigte, an die sie selbst sich nicht hielt. Niemals fand sich bei ihr der Hauch geistlicher Hochmut. Und nie habe ich erlebt, daß sie sich auch nur geringfügig durch Schmeicheleien von Leuten, die sie verehrten, beeindrucken ließ. Man vergötterte sie und erachtete ihre Gesellschaft als ein hohes Privileg, doch sie nahm all das mit dem freundlichen Lachen eines Menschen hin, der seinen Blick auf etwas völlig anderes gerichtet hat. Ihr Blick war auf jemanden gerichtet, der ihr Herz so eingenommen hatte, daß darin kein Platz für Objekt- oder Selbstliebe mehr vorhanden war.

In dem Jahr wohnten wir in Zelten; je zwei unreife Christenmädchen standen unter der Obhut eines Mädchens, das schon länger und besser mit Gott vertraut war. Dorothy überließ man die zwei härtesten von allen, kecke junge Rebellinnen, wie sie oft in der naiven Hoffnung ihrer christlichen Eltern auf eine Sommerkonferenz geschickt werden, daß sie »verändert zurückkehren«! Nur eine Dorothy hätte auf diese beiden hübschen, gescheiten Teenager Einfluß ausüben können, und selbst Dorothy hatte zunächst Schwierigkeiten. Sie ärgerten sich über den Grund der Anwesenheit Dorothys in ihrem Zelt, und als sie erfuhren, daß sie der für sie furchterregenden Gattung »Missionar« angehörte, waren sie noch erschrockener. Also behandelten sie sie wie eine Art fromme Spionin, die erschienen war, all ihre ausgeklügelten Pläne zu entdecken und zu durchkreuzen, die sie gemacht hatten, um Versammlungen zu schwänzen und sich bei dieser schwachen Sache, einer Bibelkonferenz, zu amüsieren! Äußerlich brachten sie ihr ausgesuchte Höflichkeit entgegen, doch jedem leisen Versuch, hinter die Fassade zu gelangen, wurde ein halsstarriges, eisiges »Hände weg!« entgegengesetzt. Dorothy, die eher an Warmherzigkeit gewöhnt war, spürte die kühle Atmosphäre ihrer Zeltgemeinschaft sehr deutlich und versicherte uns mehr als einmal, daß wir die falsche Person ausgewählt hatten, um mit diesem schwierigen Mädchenpaar fertigzuwerden. Aber wir lächelten lediglich darüber. Wußten wir doch, was Gebet und Dorothys eigene ungekünstelte frische Freude ganz bestimmt ausrichten würden. An diesem Mädchen fand sich keine Spur frommer Zimperlichkeit; sie lebte ein so menschlich natürliches Christsein und war sich ihrer Macht, andere zu beeinflussen, so wenig bewußt.

Für das attraktive, wenn auch ungezogene Paar junger Rebellen war es eine Riesenüberraschung, als ein unbedeutender Zwischenfall im Zeltalltag dem hochgewachsenen »Menschenfresser« perlendes Gelächter und echte Freude entlockte. Vorsichtig fingen sie nun damit an, Dorothy zu testen. Gehörte das zu ihrem »Spiel« oder war sie wirklich so natürlich und liebenswert, wie sie sich gab? Und jeder Test bestätigte ihre Vermutung. Diese jungen aufgeweckten Dinger, die ihre hübschen Öhrchen vor jeder Botschaft oder jedem Wort von Christus fest und energisch verschlossen hatten, erreichte die sinnvollste aller Werbungen: des Meisters eigenes anziehendes Leben in menschlicher Gestalt ausgelebt, ein Leben der Natürlichkeit, Anmut und Fülle. Sie vermuteten tiefe schlaue Fallen, in denen man sie »fangen« wollte; sie glaubten sogar, man wollte sie gleichsam beim Kragen packen und vor die Füße des Herrn schleifen. Keineswegs jedoch rechneten sie mit diesem Leben unbeschwerter Freude, das beeindruckte, ohne auf das oben Erwähnte zurückzugreifen.

Ich weiß nicht, was aus diesen Mädchen geworden ist, aber ich weiß, daß noch vor dem Ende der Konferenz beide Dorothy ein Zeichen ihrer Veränderung gaben. Was in einer Atmosphäre verschleierter Kriegsführung begonnen hatte, endete in warmherziger Gemeinschaft.

Im Herbst trennten sich unsere Wege wieder. Twin-Sister kehrte nach Hause zurück, Dorothy fuhr zur

Weiterbildung nach Biola, und ich reiste endlich nach China aus.

* * *

Frühjahr 1929. Die gesegnete, friedliche Zeit in Yangchow mit ihren interessanten neuen Studienbereichen und Freundschaften war vorüber, und unsere Gruppe befand sich auf dem Weg zu ihrem Bestimmungsort im Binnenland; wir waren in Shanghai eingetroffen. Die flüchtige Bemerkung »Weißt du, daß Dorothy B. hier ist? Sie ist gerade vom Schiff gekommen«, ließ mich über Verandas, eine Treppe hoch und in das Schlafzimmer stürmen, das sie mit ihrer lieben Mitarbeiterin teilte. Was für ein stürmischer Willkommensgruß! Wie stolz und schelmisch Dorothy sich drehte und mich zur Beglückwünschung herausforderte: »Ich habe 30 Pfund abgenommen!« Dann wurde ich ihrer Mitarbeiterin vorgestellt, über die ich so viel gehört hatte und deren stille gedankenvolle Reife einen trefflichen Hintergrund für Dorothys strahlende Jugendlichkeit abgab. Ein Bild aus Lisuland erinnert mich manchmal an die beiden. Unser Lisuland besteht aus Fels, doch zahlreiche kleinere Felsstücke liegen, in die Oberflächenkrume eingebettet, verstreut herum. Diese erwecken den Anschein des Alters und der Erfahrung, denn jedes Jahr werden sie von der glühenden Hitze der Waldbrände verkohlt. Dann kommt der wilde Bergwind und bläst sie wieder rein und kühl. Im Frühling blühen liebliche Veilchen an den Rändern dieser Steine. Die weißen, zarten Würzelchen der Blumen reichen darunter fast bis in den grauen Granit, und ihre weichen wohlriechenden Köpfchen recken sie gegen die schützende Dauerhaftigkeit des Felses.

Wie grauer Granit und liebliches Veilchen waren diese beiden. Die Mitarbeiterin war das eingebettete Felsstück, das das Feuer und den sengenden Wind eines mitten unter Heiden durchlebten Missionarsleben hinter sich hatte, und Dorothy war die zarte Blume, deren Wurzeln sich liebevoll an die Festigkeit ihrer erfahrenen Gefährtin klammerten.

Zwei Bilder von Dorothy aus jenen Tagen in Shanghai bitten um Aufnahme. Eines frühen Morgens noch vor dem Frühstück stieß ich zufällig auf sie und ihre Mitarbeiterin, wie sie die Lagerstraße auf und ab schritten und sich leise unterhielten. Als ich näherkam, rief Dorothy: »Ich werde ausgeschimpft, weil ich zur festgesetzten Stunde noch nicht mit meinem Packen fertig bin. Du siehst . . .« Sie warf der Mitarbeiterin einen liebevollen Blick zu, der bewies, daß die »Schelte« mild ausgefallen sein mußte. ». . . sie ist meine ›Mama‹ und meine Partnerin und denkt und hält Ordnung für mich . . . *und erwartet Gehorsam!«* Das letztere mit einem frechen Blick. Dorothy hat mir oft geschrieben, daß diese »Mama-Partnerin« ihr eine fruchtbare Bibellehrerin gewesen ist. Es machte Freude, die zwischen den beiden bestehende liebevolle Beziehung zu erleben.

Auf dem zweiten Bild befindet sich Dorothy in dem Zug, der sie tief ins Binnenland transportierte. Ich brachte sie zur Bahn, eben weil sie »Dorothy« war, aber auch, weil sie neue Arbeiter, meine Gefährten aus Yangchow, mit sich nahm. Von dem Bahnhof fuhr kein Zug fahrplanmäßig ab; alle waren ständig überfüllt, weil mehr Fahrkarten verkauft wurden als Plätze vorhanden waren. Um ein Abteil zu bekommen, mußte man deshalb früh da sein und Plätze für die Reisegesellschaft, für

Koffer, Kisten und Kleinigkeiten in Beschlag nehmen. Das »In-Beschlag-Nehmen« ist oft mit Ducken und Ausweichen, Schlägen auf den Kopf, Stößen, Staubwirbeln, die die Kehle zuschnüren und die Kleider beschmutzen, verbunden. Es kann sehr lästig sein, aber Dorothy diente es nur als Vorwand, ihr Mundwerk ausgelassen in Bewegung zu setzen. Bald brach die Gruppe in lärmendes Gelächter aus, und als ich sie zuletzt sah, sagte sie gerade: »Hier! Hier! So geht's aber nicht! Neue Arbeiter, die Dienstältere nicht ernstnehmen! Ich werde euch lehren, die Würde eurer Vorgesetzten zu achten!« Sie versuchte, die unkontrollierbaren Grübchen zu unterdrücken und eine Miene scheinheiligen Ernstes aufzusetzen, als der Zug abfuhr.

* * *

Drei oder vier Monate später und Hunderte von Kilometern entfernt waren meine Mitarbeiterin und ich dabei, uns in einem geschäftigen kleinen Marktflecken auf einer von Bergen umrahmten Ebene niederzulassen; wir hofften auf einige Monate intensiver Arbeit. Eines Abends wurde der Eingang zu unserem Wohnzimmer plötzlich von einer großen beweglichen Gestalt verdunkelt. Es war der leitende Missionar, von dem wir uns erst neun Tage vorher in der Provinzhauptstadt verabschiedet hatten, wobei wir erwarteten, ihn frühestens in einigen Monaten wieder zu Gesicht zu bekommen. Er unterdrückte seine Erregung beim Sprechen und beantwortete unser erstauntes Fragen. »Ich bin hier, um euch beide in die Hauptstadt zurückzubringen! Die Soldaten des Gouverneurs kämpfen gerade in der Nachbarprovinz, und eine riesige Räuberhorde nimmt die Gelegenheit zu einem Angriff auf uns wahr. Sie befindet sich jetzt auf dem Weg zur Hauptstadt, und ihr seid mitten darauf. Wir müssen morgen bei Tagesanbruch hier weg sein und mit ihnen um die Wette zur Stadt eilen. Gebe Gott, daß wir dort zuerst ankommen!«

Er drängte uns auf Stühle, setzte sich selbst hin und fuhr fort: »Das ist noch nicht alles. Gestern ist das Waffenlager in die Luft geflogen und hat einen großen Teil der Stadt zerstört. Unser Haus wurde stark erschüttert, einige Fensterscheiben zerbrachen, und die Decke bekam Risse. Aber das CIM-Lager ging völlig in Trümmer . . . Nein, es gab keine Toten. Preis dem Herrn.«

Erst als wir uns zu einer Tasse Tee niedergelassen hatten, erinnerte er sich an eine dritte Neuigkeit. »O ja, da ist noch was. Ich fürchte, es ist eine schlechte Nachricht für dich, Schwester.« Dabei wandte er sich teilnahmsvoll mir zu. »Uns hat die Nachricht erreicht, daß Dorothy B. . . . tot ist . . . an Typhus gestorben. Nach der Hungersnot ist diese Krankheit dort oft aufgetreten.«

Die Worte versetzten meinem Bewußtsein den dumpfen Schlag, den »Räuber« und »Waffenlagerexplosion« nicht zuwegebrachten.

»Tot . . . meine Dorothy *tot*« . . . Das Wohnzimmer und die darin befindlichen Personen verschwanden allmählich, und ich schien in der Luft zu hängen; in der Dunkelheit stand in großen furchtbaren Buchstaben T-O-T geschrieben. »Meine liebe Dorothy . . . die rosigen Grübchenwangen . . . das blühende Leben . . . alles vorbei? O nein!« Alles in mir lehnte sich heftig und hartnäckig dagegen auf. Sicherlich war es ein Irrtum; es handelte sich vielleicht um jemand anders. Die Augen voller Tränen wollte ich dem Ausdruck verleihen; die gütig mitleidigen Blicke meines leitenden Missionars jedoch besagten nur allzu deutlich, daß es sich nicht um einen Irrtum handelte. »Aber ich habe sie doch noch vor wenigen Monaten gesehen, habe mich von einem lachenden, gesunden Mädchen verabschiedet, das noch viele prächtige Jahre vor sich hatte!« . . . Tot.

Der Schmerz jenes Abends greift über die Jahre herüber und packt mich von neuem. Es scheint unmöglich, besonders wenn es sich um einen geliebten Menschen dabei handelt, daß so viel strahlend junges Leben in kalte Erde gebettet und mit Erde bedeckt werden kann. O nein! Gelobt sei Gott, ist das nicht das Ende!

»Wer aber den Willen Gottes tut, *bleibt in Ewigkeit.«* Und ich bin überzeugt davon, daß auch ich eines Tages an dem Ort sein werde, wo dieser lebhafte Geist sich jetzt aufhält. Hatten wir nicht den gleichen Glauben? Lebten wir nicht das gleiche Leben, *sein* Leben? Wenn es im Himmel keinen Christus gäbe, so müßte es wegen der Dorothys, wegen der wunderbaren Menschen, die uns vorangegangen sind, dort oben eben doch der Himmel sein. Weil sie dasselbe Leben gelebt, für dasselbe Ziel gekämpft und dasselbe geglaubt haben, müssen sie da nicht auch denselben Ort teilen? Was für ein herrliches Erbe, welche wertvollen Freunde erwarten uns dort! Und dennoch muß für jeden von uns ein Gesicht alle anderen überstrahlen, ein Gesicht, dessen liebende Ausstrahlung die Sonne an Helligkeit übertrifft und das Kerzen oder leuchtende Himmelskörper überflüssig macht.

»Und seine Knechte werden ihm dienen, und sie werden *sein Angesicht sehen.«* Darin besteht unsere Verheißung, unsere Hoffnung, unser Himmel.

Mitten in ihrem Kummer erinnerte sich Dorothys Mitarbeiterin, deren Leben mich sozusagen nur im Vorübergehen gestreift hatte, an die Zuneigung, die ich zu Dorothy hegte, und schrieb mir, gerade erst von dem frischen Grab in das Haus mit seinem leeren Stuhl und Raum zurückgekehrt, einen langen Brief über die letzten Tage Dorothys. Ihre Mitarbeiterin hatte sie treu gepflegt, und oft drehte sich ihr Gespräch um das Kreuz. »Von allen erfolgversprechenden Methoden«, sagte Thomas Ragland vor Jahren in Indien, »ist die sicherste die unseres Herrn Jesus Christus: ein Weizenkorn werden, in die Erde fallen und sterben.« Als Dorothys letzte Stunde kam, wußte sie darum. Ihre Augen forderten die liebevolle Krankenschwester auf, sich vorzubeugen und zuzuhören. »Bist du *hierzu* bereit?« flüsterte sie.

Das war ihr letztes Wort, doch diese eindringliche Frage hallte und hallt unaufhörlich in meinem Herzen nach. Flüsternd überspringt sie die dazwischenliegenden Jahre . . . »Wenn das Weizenkorn nicht in die Erde fällt und erstirbt, bleibt es allein; wenn es aber erstirbt, bringt es viel Frucht« (Joh. 12, 24). Was ist, wenn das Weizenkorn jung und schön ist? . . . Was, wenn es *buchstäblich stirbt?* . . . Bist du *hierzu* bereit?«

Der herrlichste und stärkste aller Menschen der Erde sprach in der Blüte seiner Jahre: »Den Kelch, den mir der Vater gegeben hat, soll ich den nicht trinken?« Und sie »führten ihn ab, um ihn zu kreuzigen«.

Lieber Meister, Schlachtwunden waren dein;
will mich nicht wundern, wenn sie auch sind mein.
Herr, laß das Wunder darin bestehen,
eine Wunde auch bei mir zu sehen.

Himmlische Freude, Herr, schenkst du denen,
die mit dir zum fernen Jerusalem gehen.
Ewige Freude, wenn die Trompeten tönen
und die Welt verstummt betracht' dein Krönen.

(Nach Amy Carmichael)

Bud – der unermüdliche Seelengewinner

Es war Abendessenszeit in einem Missionsheim der China Inland Mission in Kanada, wo ich fünf Wochen als Kandidatin verbrachte. Wir saßen um den Tisch und kamen auf die jungen Missionare vom letzten Sommer zu sprechen, die ebenfalls das Heim besucht hatten. Die meisten waren mit mir am Moody-Bibelinstitut gewesen; ein junger Mann jedoch war als mir Unbekannter mit John ausgereist, und seine Beschreibung ließ meine Vorstellungskraft Feuer fangen.

»Er ist ein unermüdlicher Seelengewinner«, sagte die Hausmutter. »Ich werde nie vergessen, wie ich die Gruppe zum Bahnhof gebracht habe, als sie zur Westküste fahren wollten. Er reiste nicht mit den anderen, sondern allein. Er wollte auch nicht in seinen Wagen einsteigen, sondern drückte sich bis kurz vor der Abfahrt auf dem Bahnsteig herum. Dann wußte ich plötzlich warum! Am Ende des Zuges befand sich ein überfüllter Waggon; darin saßen Männer, die bei der Ernte in den Prärien arbeiten wollten. Er sprang auf ihren Wagen und verzichtete auf die für ihn bereitgestellte Geräumigkeit, um unter ihnen persönliche Gesprächsarbeit zu leisten. Ein unermüdlicher Seelengewinner – ja, das ist er!«

* * *

In vielen von Johns Briefen, die nach und nach eintrafen, trat auch »Bud« in Erscheinung. Über die Maßen verachtete er Kompromisse oder die Abschwächung des Wortes Gottes durch »aber« und »jedoch«.

»Von der feinen Liebe zu erweichenden Dingen,
von leichten Entscheidungen, Schwächungen,
o Lamm Gottes, mach mich frei!«

hätte über Bud geschrieben sein können.

Bud lebte als Christ recht geschäftsmäßig. Vorher war er bei einer unserer großen kanadischen Eisenbahngesellschaften Telegraphist gewesen. Wenn er telegraphisch einen Auftrag erhielt, pflegte er diesen als selbstverständlich hinzunehmen. Und die Aufträge waren nicht immer angenehm; manchmal mußte er sich an entlegene einsame Orte begeben. Erhielt er einen Auftrag dieser Art, nahm er ihn nicht mit der zweifelhaften Haltung in Empfang, mit der heute viele Christen an Gottes Auftragsbuch herantreten. Bud betrachtete den Auftrag nicht von allen Seiten, um schließlich festzustellen: »Ich frage mich, ob das hier wirklich vom Chef kommt! Es kann genauso gut eine Fälschung seiner Sekretärin sein . . ., obwohl ich beim besten Willen nicht weiß warum! Ich will lieber ganz vorsichtig sein und ihn gründlich untersuchen, ehe ich gehorche.«

Eine zweite beliebte Haltung nahm er beim Empfang ebenfalls nicht ein: »Zweifellos stammt der Auftrag vom Chef . . . klingt nach ihm . . . aber wie drastisch! Einen jungen unerfahrenen Burschen wie mich allein an solch einen Ort zu senden! Das meint er bestimmt nicht. Laßt uns nachdenken! Wie können wir das hier deuten, damit es plausibler erscheint?«

Auch der dritten, noch verbreiteteren Methode bediente er sich nicht: »Du liebe Zeit! Das sieht ziemlich unangenehm aus. Am besten lese ich es nicht zu gründlich . . . ein bißchen Unwissenheit kann nicht schaden . . . man kann später immer noch behaupten, nicht alles verstanden zu haben.«

Bud nahm einen Auftrag einfach für bare Münze – und

ging los. Nebenbei gesagt verdanken einige Städtchen in Westontario ihm die geistliche Segnung und Erweckung ihrer kleinen Gemeinden, weil er keine Fragen stellte, sondern sich einfach auf den Weg machte.

In der Nähe eines unserer Wohnhäuser in China stand eine große faszinierende Wassermühle. Ein klarer kleiner, einen Erddamm hinuntergurgelnder Bach war eingefangen und nutzbar gemacht worden. Bei ihrem Sturz trafen die Wasser auf ein großes Holzrad, das sie in Bewegung versetzten. Dieses Rad wiederum war mit einem riesigen Mühlstein verbunden, der sich in einer flachen Vertiefung drehte, in die Reis zum Mahlen geschüttet wurde. Der massive Stein drehte sich einfach aufgrund des Druckes, den der Bach auf das Wasserrad ausübte, unabhängig davon, ob Korn zum Mahlen vorhanden war oder nicht! Oft spähten wir in das bemehlte Innere und sahen den imposanten Stein sich mit hoher Geschwindigkeit drehen. Doch über leerem Trog nutzte er sich nur ab, ohne etwas zu leisten! Manche Christen gleichen dem Mühlstein! Sie werden vom Druck der öffentlichen Meinung in Bewegung gehalten, die von einem Gemeindeglied ein Stück »Gemeindeaktivität« erwartet. Und so drehen sie sich unaufhörlich im Kreis, bieten dabei oft einen würdigen, fesselnden Anblick, zermahlen aber nichts, erschöpfen sich und können nichts vorweisen.

Bud verschwendete seine Kraft niemals beim Mahlen von Luft, aber er beneidete auch niemanden, der echtes Korn im Mahltrog hatte. Im Ausbildungszentrum von Anking sah der Stundenplan jeden Tag sechs Unterrichtsstunden vor, die oft sehr ermüdend waren und nach denen oft die notwendige Frische für das Gebet und Bibelstudium fehlte. Jedesmal wenn Bud diese geistliche Leere zu greifen spürte, verzichtete er auf sein Abendessen und nutzte die dadurch gewonnene Zeit zur Ernährung seines Seelenlebens. Die Hausmutter von Anking ist für ihre Kochkünste bekannt, und gewiß wehten ihm verführerische Gerüche und das Stimmengewirr froher Gemeinschaft nach, aber herunterlocken konnten sie ihn nicht. Bud blieb mit seinem Herrn zusammen, bis der innere Durst gestillt worden war, weil er lieber seinen Geist als seinen Leib nährte. Wenn das Unternehmen des Chefs dadurch verbessert oder erweitert werden konnte, was bedeutete da schon eine Mahlzeit? In der Finanzwelt bedeutet sie nichts. Warum also im geistlichen Bereich erpichter auf körperliches Wohlergehen sein?

Eine weitere Eigentümlichkeit dieses außergewöhnlichen jungen Mannes bestand in seiner unerschütterlichen Beharrlichkeit, seine Investition, das Leben, das er Jesus Christus übergeben hatte, voll auszunutzen. Das läßt wiederum seine geschäftsmäßige Haltung erkennen. Bud war entschlossen, herauszufinden, wie geistlich sichtlich erfolgreiche Menschen ihr Leben und Verhalten organisierten. Nach seiner Ankunft in Shanghai erkundigte er sich nach den bekanntesten christlichen Führern. Nachdem er deren Namen und Adressen in Erfahrung gebracht hatte, machte er sich auf, sie zu besuchen. Es machte ihm nichts aus, im Gegensatz zu diesen bekannten, vielbeschäftigten Männern ein Niemand zu sein. Bud stellte sich vor und äußerte seine Fragen, und ich glaube kaum, daß er jemals eine Zurückweisung erfuhr. Zweifelsohne hat er viel dabei gelernt.

Dr. Goulburn schrieb: »Die größten Heiligen, die je lebten, sei es im Alten oder im Neuen Bund, befinden sich auf einer auch für uns erreichbaren Stufe. Dieselben Kräfte der geistlichen Welt, die ihnen zur Verfügung standen und deren Einsatz sie zu solch großen geistlichen

Helden machte, stehen auch uns zur Verfügung.« Wenn man aufgrund seiner eigenen Entscheidung eine große geistliche Macht, ein Kanal des Segens für die Menschheit, oder ein Niemand sein kann, warum dann nicht alles geben und das Leben voll ausnutzen? Vor allem, weil man nur *ein* Leben investieren kann.

Die Zeit der Flüchtlinge eröffnete dem eifrigen Seelengewinner in Shanghai erfreuliche Möglichkeiten. Auf den Straßen wimmelte es nicht nur von dem üblichen Rassengemisch aus Chinesen, Indern und Japanern, sondern auch von ausländischen Soldaten und Seeleuten mehrerer Nationen. Die Mächte der Finsternis wirkten »zu gelegener und ungelegener Zeit«, diese leichten Opfer zu verführen, und kein Mensch, der Gott und sein Reich liebte, konnte dabei untätig zusehen. In Mußestunden schlüpfte Bud oft mit von Traktaten ausgebeulten Taschen aus der Tür; die Traktate verteilte er mit liebevollen Worten an die Menschen, denen er begegnete. Abends fand man ihn gewöhnlich an einem Versammlungsort, wo man liebend Seelen gewann.

Zwischen John und diesem Missionar, den er so sehr bewunderte, entwickelte sich eine dauerhafte Beziehung, und eines Tages erhielt ich in Kanada eine Fotografie von den beiden. Ich konnte es kaum erwarten, den Schnappschuß genau zu betrachten, und nach einem langen Blick brach ich in Gelächter aus. »*Das* also ist ›Bud‹! Wer hätte das gedacht!«

Ich wüßte gern, wie Sie sich einen »unermüdlichen Seelengewinner«, einen »Mann des Gebets« vorstellen. Klein, hoch aufgeschossen, grimmig, ernstblickend mit glühenden Augen? Nun, auf der Aufnahme war ein großer, schlanker, gutmütig dreinblickender Jüngling abgebildet, der entschieden gut aussah und Grübchen, echte Grübchen hatte. »Ein Mann des Gebets« . . . mit

Grübchen! Wie gern Gott uns überrascht. Wie oft ist das wirkliche Leben anders als wir es uns vorstellen!

* * *

Bud und John wurden in benachbarte Provinzen versetzt. Mehrere Jahre später – John und ich hatten mittlerweile geheiratet – mußte Bud den ganzen langen Weg zu unserer Provinzhauptstadt zurücklegen, um eine passende Brille zu bekommen. Inzwischen spielte sich in einer geschäftigen chinesischen Stadt, eine Tagesreise südlich der Hauptstadt, ein kleines Drama ab. Ich saß auf dem äußerst schmalen oberen Sims, den wir gern als »Veranda« bezeichneten, die ganze Bandbreite des chinesischen Lebens sozusagen mir zu Füßen, als ich John die Straße mit der Post entlangkommen sah. Sein Gebaren ließ auf Aufregung schließen. Zwei Stufen auf einmal nehmend stürmte er nach oben, wobei er einen Brief aus Shanghai schwenkte. »Stell dir vor, wir sollen in den Westen gehen! Es soll sofort losgehen. WESTEN, stell dir vor!« Westen war für uns beide immer mit goldenen Buchstaben geschrieben worden.

Nach einem Freudentanz hinter verschlossenen Türen setzten wir uns, um die Einzelheiten zu lesen. Aus zwei Gründen sollten wir uns in einem ehemaligen Zentrum der Mission niederlassen. Zum einen sollten Angehörige der zweihundert Missionare, die die Arbeit im Westen vorantreiben sollten, bei uns wohnen, bis sie sprachlich auf eigenen Füßen stehen konnten; man wollte ihnen so die Führung eines Haushalts ohne Sprachkenntnisse ersparen. Und zum anderen sollte John die riesigen, noch nicht erreichten Bezirke als Evangelist bereisen und nebenbei für die jungen Leute geeignete Ausgangspunkte, geeignete Häuser suchen, in die sie dann ziehen sollten. Und augenblicklich sollte es losgehen!

»Eine neue Vision für eine neue Aufgabe.« Wie oft mußte der Herr das ungeduldige Paar bremsen und uns Geduld schenken. Bei der Ankunft in der Hauptstadt wurden wir mit der nackten Tatsache konfrontiert, daß für die Reise in den Westen weder Pferde noch Kulis noch irgend etwas anderes zu bekommen war. Das Militär hatte alles Verfügbare requiriert.

In derselben Stadt wurde ebenfalls ein anderes jung verheiratetes Paar aufgehalten. Vielleicht ist Ihnen aufgefallen, daß Bachelor beim Zitieren von Markus 10, 29–30 ein oder zwei Worte ausgelassen hat*. In dem Vers heißt es: Wenn jemand Haus, Äcker usw. und »Frau und Kinder« verläßt! Auch in dieser Hinsicht war die Zeit gekommen, daß der Herr Bachelor seinen hundertfältigen Lohn gab, zwar keinen Harem, doch eine Frau, wie man nur »eine von hundert« findet. Ihre mit ungewöhnlichem Charme gepaarte Geistlichkeit verhalf Bachelor schließlich zu einer glücklichen Ehe. Im Laufe der Jahre wurden ihnen zwei hübsche Töchter geboren. Jetzt blickt Bachelor auch nicht mehr so sehnsuchtsvoll drein wie eines Tages auf der Konferenz, als ein niedliches kleines Mädchen an ihm vorbeilaufen wollte, er seine Hand ausstreckte und es auf sein Knie setzte. Sein »Hundertfach« war vollendet.

Es verschlug John den Atem, als er erfuhr, daß auch Bud hier eingetroffen war! Doch zu Gesicht bekam ich ihn erst nach der chinesischen Gebetsversammlung am Samstagabend. Das war ein freudiges Ereignis, denn manchmal liebt man diese Menschen der zweiten Meile schon lange, ehe man sie in Person zu sehen bekommt;

* Siehe S. 21.

Buds Geistesfeuer und Ernsthaftigkeit waren mir ein großer Segen gewesen. Doch die Freude war noch größer, als die beiden Freunde sich die Hände drückten. Also kamen Johns Worte, mit denen er eines Abends in unser Schlafzimmer platzte, nicht als Überraschung: »Isobel! Bud möchte, daß wir die Nacht im Gebet verbringen. Du hast doch nichts dagegen, oder?« Und schon war er unterwegs zur Kapelle und brannte auf eine Gemeinschaft, die enger als jede andere verbindet.

Als ernsterer und weiserer Mann kehrte er am folgenden Morgen zurück. In dem Moment, wo ich sein Gesicht sah, wußte ich, daß etwas passiert war. John schloß die Tür, und wir setzten uns nieder, um uns »mitzuteilen«.

»Also, Bud hat mich letzte Nacht ziemlich aus der Fassung gebracht«, begann John langsam und mit sichtlicher Mühe. »Nachdem wir eine Zeitlang gebetet hatten, meinte Bud, daß er mir etwas sagen wollte. Und zwar sei er von mir sehr enttäuscht, besonders seit er mich Samstagabend Chinesisch habe predigen hören.«

»Enttäuscht von dir!« Seine Frau streckte ihre Stacheln heraus.

»Ja, Liebes. Reg' dich bitte nicht auf, denn er hat recht. Bud meinte, daß er nach der geistlichen Zeit von Shanghai viel von mir erwartet hätte und spüre, daß auch der Herr viel erwarte. Und dann meine Verkündigung am Samstag – nun, das ernsthafte Feuer für Christus fehlte einfach. Da war er so enttäuscht, daß er es mir sagen mußte, auch wenn ihm das nicht gerade leicht gefallen ist.

Siehst du, Bud ist nicht wie andere Menschen. Er betrachtet die Dinge aus einem anderen Winkel. Fast alle Missionare hätten mich zu meinem guten Chinesisch beglückwünscht . . . du weißt, wie sie in letzter Zeit sind.« John ließ seinen Kopf hängen. »Ehrlich gesagt, ich habe bemerkt, daß Bud nicht ein Wort über mein Chinesisch verloren hat, und ich glaube . . . ich glaube, daß ich das von ihm eigentlich erwartet habe. Auf jeden Fall . . .« – Der Kopf kam mit einem Ruck, einem entschlossenen Ruck, hoch – ». . . weiß ich, daß er recht hat, und ich bin sicher, daß ein Geist liebevoller Ernsthaftigkeit und Sorge um die Seelen der Menschen Samstagabend mehr hätte ausrichten können. Aber ich glaube, daß ich mich allmählich daran gewöhnt habe, daß die Leute mein gutes Chinesisch loben. Unbewußt habe ich mehr über meine Aussprache als über das Seelenheil der Menschen vor mir nachgedacht. Auf jeden Fall weiß ich, daß Bud recht hatte. Und dort in der Kapelle bin ich in Tränen ausgebrochen und habe den Herrn um Vergebung gebeten. Ich glaube, daß er mir vergeben hat. Vielleicht Isobel, tut ein Gebet auch dir gut!«

Also knieten wir zusammen nieder und baten Christus, den unsere Seelen liebten, darum, daß *nichts* unsere Vision seines Kreuzes und dessen Botschaft für China trüben möchte.

»Von allem, das dein Golgatha trübt,
o Lamm Gottes, mach mich frei.«

Wie unerwartet und scharfsinnig sind die Versuchungen im Ausland angelegt! Wie viele Missionare haben die scharfe Schneide geistlicher Ernsthaftigkeit durch den Ehrgeiz stumpf gemacht, ein vollendeter Sprecher des Chinesischen zu werden. Nicht daß dieser Ehrgeiz falsch wäre. Denn wie soll man »die Lehre Gottes . . . zieren«, wenn man das notwendige Medium der Sprache nicht beachtet? Doch steckt dieser Ehrgeiz voller Gefahren.

Auf demselben Schiff, mit dem ich und sechs oder sieben andere Missionare nach China kamen, befand sich auch Fräulein Ruth Paxson. Von vielen Versammlungen erschöpft, benötigte sie dringend eine Pause. Doch der

Anblick der kleinen Schar ungeduldiger zukünftiger Missionare brachte eine Saite bei ihr zum Schwingen, und sie willigte ein, uns täglich eine Stunde zu widmen. Sie sprach über das »Leben auf der höchsten Stufe« und ging ganz persönlich auf die Versuchungen und Schwierigkeiten von Missionaren ein. Ich erinnere mich sehr wohl an den Nachdruck und den ernsten Blick, mit dem sie äußerte: »Ihr werdet die Sprache nicht alle gleich gut beherrschen!« In dem Schweigen, das darauf folgte, war es uns, als ob sich für einen Augenblick eine leere Wand auftat und den Ausblick auf unvorstellbare Erlebnisse ermöglichte.

Normalerweise hat man, wenn man ins Ausland geht, nur eins im Sinn: die Chinesen zum Beispiel, für Christus zu gewinnen. Menschen mit tieferer Erkenntnis, die sich allein auf Christus konzentrieren, können sich glücklich schätzen. Nicht auf den Dienst, nicht das Gewinnen von Seelen, nur auf den Herrn soll unser Leben sich konzentrieren. Das erste, mit dem man konfrontiert wird, ist »die Sprache«, und immer gibt es Leute, die sie begünstigt. Die eine lernt sie vielleicht schnell, ist begeistert, geht los und versucht alle aufgestellten Rekorde zu brechen. Eine andere, die in der Heimat einigermaßen tüchtig war, fühlt sich unbewußt herausgefordert und strengt sich an, es der ersten gleichzutun. Die dritte hält sich für zu langsam, und ehe sie sich versieht, arbeitet sie länger als nötig, nur um die Sprache schneller zu lernen, wobei sie Gesundheit und Seelenfrieden gefährdet. Der auf Gott konzentrierte Brennpunkt entwickelt die Tendenz, sich unbewußt allmählich zu verlagern, bis er auf das Erlernen des Chinesischen und nicht ausschließlich auf Christus ausgerichtet ist. Manchmal flüstert man sich, um sich selbst zu beruhigen, ein: »Schließlich ist es für Gott. Je eher ich die Sprache beherrsche, desto eher kann ich Seelen gewinnen.« Oft sieht das Ergebnis aber leider so aus: »Während eine Dienerin sehr beschäftigt war mit vielem Dienen, . . . ging ER fort.«

Das muß nicht so sein; aber wie oft kommt es vor, daß in der Zeit zwischen der Landung in China und dem Einstieg in die vollzeitliche evangelistische Arbeit »etwas« auf der Strecke bleibt! Nach etwa einem Jahr kann man sich endlich verständigen . . . und findet heraus, daß man nichts mehr zu sagen hat! Als reicher Mensch kam man nach China. Die »Stille Zeit« war lebendig, reich an Erkenntnis aus seinem Wort. Dann kehrt man nach dem Erlernen der Sprache an den alten Quell zurück, aber der ist versiegt, oder schlimmer noch, man merkt nicht, daß die frühere Kraft nicht mehr vorhanden ist.

Ich möchte kurz vom Thema abweichen, um anhand eines Bildes das »Mittel« dagegen aufzuzeigen.

Unter den Leuten der Zweihundert, die später bei uns wohnten, befand sich ein junger Mann, den wir unseren »Saint« nennen. An unverfälschter Güte und aufrichtiger Demut kommt niemand von uns an ihn heran. Trotz seines akademischen Grades macht er aus sich selbst schlicht und einfach nichts. Es gibt Menschen, die ihn trotzdem aufgrund seiner Bildung einstufen. Doch weil er ein Heiliger ist, verübelt er ihnen das nicht.

»Selig sind die Einfältigen, denn sie besitzen einen tiefen Frieden«, sprach der alte Mönch mit dem »ereignislosen« Leben. Saint, der Gott gegenüber einfältig ist, verbreitet eine Atmosphäre unerschütterten Friedens. Von Anfang an einfältig, ist sein Brennpunkt kein Grad weit von Gott abgewichen.

Dieses »Bild« hat John für mich entworfen, und es hat mir bei der Schwierigkeit mit der Sprache oft geholfen. Eines Nachmittags mußte John Saints Zimmer aufsuchen. Er befand sich nicht wie die übrigen über seinen Chinesischstudien, sondern hatte eine aufgeschlagene Bibel vor sich und meditierte. Saint erhob sich, begrüßte John ruhig und höflich und schien überhaupt nicht daran zu denken, daß diese Tätigkeit den dienstälteren Missionar überraschen mußte.

»Ich glaube, daß darin Saints Geheimnis besteht«, meinte John später, als er den Vorfall schilderte. »Er nimmt sich Zeit, sich vom Wort zu ernähren.« Die einzig sichere Möglichkeit, in der Heimat oder in China Fallgruben zu umgehen, besteht darin, sich *unabhängig von den Taten oder Meinungen anderer* eng an die Quelle zu halten.

Bemerkenswert ist unserer Meinung nach, daß Saint in dieser Phase der Unfähigkeit, die Sprache zu sprechen, dazu beitrug, daß ein Chinese zum Glauben an Jesus Christus kam.

* * *

Am folgenden Freitagnachmittag sollte Bud bei unserer allwöchentlichen China Inland Mission-Gebetsversammlung sprechen. Von dem was er sagte, habe ich nicht viel behalten, doch die Folgen werden wir niemals vergessen. Er endete mit der Bemerkung, daß Gott gerade jetzt sicherlich nicht grundlos so viele von uns zusammengebracht habe. (Immer mehr Missionare waren mit uns »eingeschlossen« worden.) Sicherlich sehnte es ihn danach, einen besonderen Segen über uns auszugießen, wenn wir uns nur die Zeit nähmen, ihn darum anzugehen . . . Hatte noch jemand dieses Gefühl?

Augenblicklich meldete Frau Bachelor sich zu Wort

und brachte in ihrer lieben Art denselben Wunsch zum Ausdruck. Ihr folgte John, während ich dasaß und den Eindruck hatte, inwendig zu verbrennen. Falls jemand eine Belebung nötig hatte, dann ich.

Das Missionsfeld war zu der Zeit aufgrund von Unstimmigkeiten unter den Missionaren blockiert. Oberflächliche Freundlichkeit ist eben nicht die Liebe, zu der Christus uns aufgefordert hat. »Dies ist mein Gebot«, sprach er in seiner letzten Stunde, »daß ihr einander liebt, *wie ich euch geliebt habe«*. Unverblümte Kritik änderte nichts, und wenn man mit einer Gruppe übereinstimmte, so folgte daraus selbstverständlich, daß mit der anderen nicht viel Gemeinsamkeiten vorhanden waren. Und was das »Reden« betrifft, so hatte ich auch in dieser Angelegenheit Schuld auf mich geladen.

Eigentlich war ich unentschuldbar, denn eben davor hatte man mich ausdrücklich gewarnt, noch ehe ich mich nach China einschiffte. Unter »Gerede« hatte ich mir jedoch das Weitersagen unbedeutenden Geschwätzes vorgestellt und war mehr oder weniger darauf vorbereitet, dem zu widerstehen. Aber Satan ist ein listiger Gegner, der einen bewachten Ort nicht angreift. Wenn also das Gerede den Schein einer »Diskussion« über eine bestimmte Vorgehensweise oder eine bestimmte Arbeitsmethode annahm, war es nur natürlich, sich daran zu beteiligen.

Später erläuterte Bachelor, was die Bibel zu diesem Problem sagt: »Sündigt aber dein Bruder an dir, so geh hin und weise ihn zurecht *zwischen dir und ihm allein«* (Matth. 18, 15). Bachelor selbst ist nie in diese Falle getappt. Als er meinte, ich hätte mich verstrickt, hatte er mich beiseitegenommen und mir eingeschärft, nicht zuzuhören, wenn andere »reden« wollten. Doch bei den anderen handelte es sich um dienstältere Missionare, und es konnte einen teuer zu stehen kommen. Bachelor hatte sich offensichtlich bei beiden Gruppen um seine Beliebtheit gebracht, denn seine stumme deutliche Mißbilligung und seine ausnahmslose Weigerung, sich Kritik anzuhören, wenn die betreffende Person nicht anwesend war, gaben Anlaß zu viel Verdruß, infolge dessen man ihn nicht leiden konnte. Ich war zu schwach gewesen, um diesen Preis zu zahlen, doch stets war mir bewußt, daß die Gruppe, für die ich Partei ergriff, mich trotz meines Kompromisses nicht mochte. In bezug auf Freundschaften habe ich dabei nichts gewonnen, sondern in anderer Hinsicht eher furchtbar viel verloren, denn ich war dabei, geistlich zu »versauern«.

Buds Botschaft an dem Nachmittag und der ernstgemeinte Wunsch nach mehr Heiligung, den Leute wie Frau Bachelor vorbrachten, die inwendig nicht verbrennen konnte wie ich, taten das ihre, und unter Tränen legte ich ein Sündenbekenntnis ab.

Andere wurden gleichermaßen angerührt, und Geständnisse und Sehnsüchte ergossen sich. Bachelor, dessen Herz an der bestehenden Lage beinahe zerbrochen wäre, war so entzückt, daß er nichts sagen konnte. Sogleich streckte er sich nach dem aus, was der Herr so deutlich anbot.

Als Superintendent ordnete er an, alle aufschiebbaren Arbeiten einzustellen und ermunterte die Missionare, für Erweckung zu beten. Er »setzte« keinen Zeitraum fest, denn wer wußte schon, wie lange der Heilige Geist benötigte, uns zu erforschen? Am Ende waren es etwa zehn Tage. Jeden Tag verbrachten wir vom frühen Morgen bis zum Mittag vor dem Herrn, und abends versammelten wir uns noch einmal.

Bud war in seinem Element und ein Segen für die älteren und auch für Bachelor selbst. Man bekannte

Sünden, und sie wurden vergeben. Ein frischer Geist der Zuneigung im Herrn wehte. Bachelor war darauf aus, den unterschwelligen Zwist beizulegen, während es Bud daran gelegen war, die Missionare für Erweckung beten zu sehen. Diese beiden Bereiche hatten wir deshalb ständig vor Augen, und Gott erhörte die Gebete.

Als wir schließlich Kulis bekommen konnten und uns in alle Himmelsrichtungen verstreuten, hatte der Geist Gottes ein echtes Werk vollbracht.

* * *

Seitdem haben wir den »unermüdlichen Seelengewinner« nicht wiedergesehen. Da weder er noch John große Briefeschreiber sind, wissen wir über die Einzelheiten seines späteren Lebens kaum etwas. Doch zweifellos hat er es für Christus hingegeben.

Die Lage in seiner Provinz sah ähnlich aus: Die Missionare kritisierten gegenseitig ihre Methoden und die Chinesengemeinden waren »tot«. Übrigens hatten nach dem Ende unserer Gebetsversammlungen unter den chinesischen Gemeindegliedern ähnliche Veranstaltungen mit vergleichbaren Resultaten stattgefunden. Bud kehrte mit dem festen Entschluß zurück, auch in seinem Bezirk durch Gebet eine Erweckung herbeizuführen.

Dadurch daß unsere Aufmerksamkeit auf den Stellenwert gerichtet wurde, den das Gebet bei allen bedeutenden Erweckungen und im Leben der Menschen, die sich um die Gemeinde Christi besonders verdient gemacht haben, einnahm, wurden wir innerlich wachgerüttelt.

Hudson Taylor sagt: »Die Sonne ist nie über China

aufgegangen, ohne daß ich mich gerade beim Gebet befand.« In unserer Provinz ist es im Sommer bereits um halb fünf morgens hell genug, um in der Bibel lesen zu können.

Bischof Andrews . . . verbrachte jeden Tag fünf Stunden in Gebet und Anbetung.

»John Welsh . . . hielt einen Tag für verschwendet, an dem er nicht acht oder zehn Stunden engster Gemeinschaft pflegte.«*

Der Gottesmann Fletcher verbrachte einmal in der Woche eine ganze Nacht vor dem Angesicht des Herrn.

Christmas Evans räumte dem Gebet immer wieder lange Zeiträume ein. In seinem Tagebuch heißt es über einen Anlaß: »Ich wartete drei Stunden vor Gott, vor Kummer zerbrochen . . . Am folgenden Tag predigte ich mit so viel neuer Kraft . . ., daß an dem Tag eine Erweckung einsetzte und ganz Wales erfaßte.«

Matthew Henry, dessen Kommentar noch immer eine Fundgrube für Bibelschüler ist, stand regelmäßig um vier Uhr morgens auf, um zu beten und zu meditieren. Die Reihe ließe sich beliebig fortsetzen.

Auf die Kraft des Gebets wandte Bud die ganze Kraft seiner ihn auszeichnenden, auf das Seelengewinnen ausgerichtete Eigenart an.

»Jesus Christus erwartet von dem Menschen, der ihm vertraut, denselben sorglosen, unternehmungslustigen Geist, den ein natürlicher Mensch an den Tag legt. Wenn ein Mensch etwas vollbringen will, das der Mühe wert ist, erlebt er auch Zeiten, in denen er bei seinem Sprung alles aufs Spiel setzen muß. Im geistlichen Bereich erwartet Jesus Christus, daß man alles aufs Spiel setzt, das man mit gesundem Menschenverstand vertritt, und sich in das

* Meyer

stürzt, was ER sagt. In dem Augenblick, in dem man das tut, wird deutlich, daß das, was er sagt, so tadellos paßt wie gesunder Menschenverstand.«**

Doch so zu beten wie die erwähnten Männer bedeutet Opfer.

»Achte«, schrieb Dr. Taylor an seine Frau, »auf die Verbindung zwischen Kreuz und Kraft in 1. Korinther 1, 18. Fehlt es vielen nicht an Kraft, weil sie das Kreuz nicht lieben?«

Bud war entschlossen, auf diese Kraft nicht zu verzichten, nur weil seine Natur vor den Leiden des Kreuzes zurückschreckte.

Ein Jahr, nicht schon einen Tag später hörten wir von einem besonderen Aufbruch unter den Missionaren seiner Provinz und einer ähnlich intensiven Gebetsreihe für Erweckung. Bud nahm seine junge Frau dorthin mit, um die Flitterwochen in diesem Dienst zu verbringen. Nicht viel später erlitt Bud einen Zusammenbruch – geistige Erschöpfung hieß es –, und die beiden kehrten nach Kanada zurück.

Im vergangenen Jahr schickte jemand aus Buds Provinz einen Rundbrief aus, in dem von tiefgehender Erweckung die Rede war, die sich von den Missionaren auf die bis dahin »toten« Chinesengemeinden ausgedehnt hatte.

In China bezeichnete man Gerüchte als »Windwehen«. Spüren Sie nicht, daß dieses »Windwehen« von einer klaren Stimme durchdrungen ist . . . der Stimme eines Mannes, der Stunde um Stunde, Tag für Tag betet, betet um eine Wiederbelebung des Werkes Gottes?

Bud hatte »bei seinem Sprung alles aufs Spiel gesetzt«.

** Oswald Chambers.

Und wenn das geistige Erschöpfung bedeutete? Einen frühen Heimataufenthalt?

»Da nahm Maria ein Pfund Salböl von unverfälschter, kostbarer Narde und salbte die Füße Jesu und trocknete mit ihrem Haar seine Füße. Das Haus aber wurde erfüllt von dem Duft des Öls« (Joh. 12, 3).

»Als das die Jünger sahen, wurden sie unwillig und sprachen: Wozu diese Vergeudung?«

»Als Jesus das merkte, sprach er zu ihnen: Was betrübt ihr die Frau? Sie hat ein gutes Werk an mir getan« (Matth. 26, 8. 10).

Bud nahm die kostbare Salbe seines Lebens und seiner Jugend und goß sie achtlos vor den Füßen Christi aus. Dürfen Sie und ich das »Vergeudung« nennen? Christus hat es nicht getan. Er hat das Opfer *angenommen* und es liebend gewürdigt. Sie und ich dürfen da nicht Kritik üben, wo Christus würdigt.

* * *

Als Antwort auf die Frage, welche Art der Predigt er bevorzuge, erzählte Bud uns einmal folgende Geschichte. Er würde lediglich die Botschaft vom Leben und Auferstehung unseres Herrn vermitteln, denn für jemanden ohne christlichen Hintergrund müsse das der überzeugendste Einstieg sein, meinte er. Also:

»Beim Erzählen dieser Ereignisse habe ich wunderbare Dinge erlebt«, sagte er. »Einmal wanderte ich eine Straße entlang und wurde müde. Manchmal überkommen mich entsetzliche Übelkeits- und Schwächeanfälle.« (Von seiner Frau erfuhr ich später, daß seine Verdauung durch die Aufnahme schlecht zubereiteter Speisen, die ein unfähiger Küchenjunge ihm in seiner Junggesellenzeit vorsetzte, beinahe ruiniert worden war.) »Also, bei dieser Gelegenheit überkam mich ein solcher Anfall. Ich fühlte, daß ich in Ohnmacht fiele, falls ich mich nicht niedersetzte. Aber das einzige, das ich sah, war ein Stein am Straßenrand; auf den sank ich nieder. Eine buddhistische Nonne, wahrscheinlich von dem Anblick eines offenbar kranken Ausländers angelockt, blieb vor mir stehen und sah mich an. Ich spürte, daß ich ihr das Wort sagen sollte, doch war mir so übel, daß ich einen Augenblick lang zauderte. Trotzdem begann ich, meine übliche Geschichte, die Geschichte Christi, zu erzählen und, ob ihr's glaubt oder nicht, als ich damit zu Ende war, war die Übelkeit von mir gewichen, und ich fühlte mich wie neugeboren. Die körperliche Aufmunterung, die mir der Herr zu dem Zeitpunkt schenkte, werde ich nie vergessen. Obwohl ich die Nonne danach nie wiedergesehen habe, glaube ich, daß sie errettet worden ist; sie schien so tief beeindruckt.«

Als er mir dieses kleine »Zweite Meilen«-Erlebnis erzählte, malte Bud völlig unbewußt ein Bild vom unermüdlichen Seelengewinner. Er war einfach mit Begeisterung über die Heilkraft der Geschichte von Golgatha erfüllt. Die Selbstlosigkeit dieses Dieners Christi, der sich bemühte, trotz körperlicher Schwäche und Übelkeit das Wort zu verkünden, ist uns unvergeßlich. Diese Geschichte ruft die Gestalt eines anderen ins Gedächtnis, der sich abgespannt und müde an einer Quelle niederließ, um auszuruhen. Aber als eine hilfsbedürftige Frau auftauchte, vergaß er im Sehnen nach ihrer Seele das eigene Ich. Auch er predigte gegen die Erschöpfung, die ihn lahmlegte, und streckte sich nach der Erlösung aus. Auch er erlebte, wie neue Kraft seinen erschöpften Leib erfüllte, eine Kraft, die so frisch, so belebend war, daß er die Nahrung, die ihm schließlich vorgesetzt wurde, mit den sanften Worten ablehnte: »Meine Speise ist, daß ich den Willen dessen tue, der mich gesandt hat, und sein Werk vollbringe.«

Glauben Sie nicht auch, daß, als Christus aus dem Himmel auf sein ermüdetes Missionarskind herabschaute, das versuchte, seinen Geist von dem Gewicht des knebelnden und fesselnden Leibes frei zu machen; glauben Sie nicht auch, daß, als Christus jene ermattete Gestalt mit einer »Aufmunterung«, einer neuen, frischen Kraft, durchströmte, er sich an seine eigene schwere Zeit an der Quelle von Sichar erinnerte? »Meine Gnade genügt dir, denn meine Kraft hat *volles Verständnis* für deine Schwachheit.« So hat ein Schüler aus Donavur einmal 2. Korinther 12, 9 übertragen.

Wie liebevoll das *»volle Verständnis«* klingt; wie beruhigend, sich daran anzulehnen und die Frische, die »Aufmunterung«, zu empfangen!

Jenny – ein Niemand

»Die verkehrte Selbstliebe hatte mich ins Verderben gestürzt. Als ich dich allein suchte und lauter liebte, fand ich zugleich dich und mich wieder zurück, nicht ohne mich, aus Liebe zu dir, noch mehr in mein Nichts zu versenken« (Thomas von Kempen).

Sie heißt nicht wirklich Jenny. Ich nenne sie aufgrund einer sonderbar ulkigen »Familienanekdote« so, die man nicht auslassen darf.

Jenny ist das zehnte von vierzehn Kindern; als sie ankam, verursachten Säuglinge in ihrer schottischen Familie keine Aufregung mehr und waren vielleicht auch gar nicht mehr so erwünscht. Auf jeden Fall wurden sie nicht verwöhnt, sondern dachten im Gegenteil ihre eigenen kleinen Gedanken, träumten ihre eigenen kleinen Träume und machten mehr oder weniger unbemerkt ihre eigenen kleinen Pläne.

Unsere kleine Freundin hatte bei ihrer Geburt geschickte Finger mitbekommen. Einerlei um welche Arbeit es sich handelte, vom Teigkneten bis hin zu komplizierten chinesischen Schriftzeichen, sie übertrifft meistens die große Masse. Als sie gerade erst zur Schule ging, gab die Lehrerin eines Nachmittags im Zeichenunterricht die ungewöhnliche Anweisung: »Malt etwas aus dem Kopf!« Jenny war in ihrem Element, und die kleinen bedachtsamen Finger machten sich emsig an die Arbeit. Ganz kurze Zeit später überraschte die Lehrerin, die ihr über die Schulter sah, sie mit den Worten: »Aber Kind! Du bist ein Genie!«

Innerlich hocherregt, denn sie war nicht daran gewöhnt, so aus der Menge hervorgehoben und gelobt zu werden, lief das kleine Mädchen nach Hause, um diese freudige Nachricht weiterzugeben. Mit vor Freude und Aufregung geröteten Wangen erzählte sie im Schoß der großen Familie ihr wunderbares Erlebnis.

»Ha, ha, ha«, lachte ein größerer Bruder, der die günstige Gelegenheit beim Schopf packen wollte, seinen Mutterwitz im besten Licht zu zeigen; denn jeder fand in dieser großen Menge nur selten die ihm gebührende Beachtung. »Sie hat dich Genie genannt, was? Was ist nur mit deinen Ohren, Kleine? *Du* ein Genie! Ach was, sie sagte, du bist eine *Jenny*!« Sich über sein bemerkenswertes Wortspiel halb totlachend nahm er nicht wahr, wie ein Schatten über das Gesichtchen flog. Auch wurde ihm nicht bewußt, daß ein märchenhaftes Luftschloß aufgrund seiner groben Berührung einen großen Fall getan hatte.

Nur eine Jenny! Natürlich, das mußte die Lehrerin gesagt haben. Wie töricht zu glauben, daß *sie* jemals ihre Mitschüler übertreffen könnte! Das empfindsame kleine Ding verschwand aus dem Blickfeld, und die älteren schwatzten munter weiter, ohne sich darüber im klaren zu sein, daß ein Kinderherz verletzt worden war und der Scherz jenes Abends eine noch viele Jahre danach sichtbare Narbe hinterlassen sollte.

Über all die Jahre des Erwachsenwerdens vergaß Jenny nie ihren Traum vom Genie, der unter den achtlosen Händen verständnisloser Menschen zu Staub zerbröckelt war. Ein Nachhall ihrer Enttäuschung als Kind klang dumpf in einem Brief an, den ich kürzlich von ihr erhielt. Ich hatte befürchtet, daß sie einer bestimmten verlockenden Versuchung nachgeben könnte; doch erwies ihre Reaktion, daß die Bitterkeit der Vergangenheit zum Schutz in der Zukunft geworden war. Kein Anlaß zur Sorge, schrieb sie, diese Versuchung gelte

Gebildeten, Menschen, die tatsächlich im Rampenlicht stehen könnten. Und dann fügte sie hinzu: »Und was bin ich? Ein Niemand.«

Also machte dieser kleine Niemand aus der großen schottischen Familie es sich früh zu eigen, Hilfe oder Ermutigung nicht bei anderen zu suchen, sondern eigene Pläne zu schmieden und zu verfolgen. Da Jenny um ihre geschickten Finger wußte, nahm sie eine Schneiderlehre auf und erwies sich bald als tüchtig.

Als sie achtzehn war, so meine ich, hörte sie bei einem »missionarischen« Sondereinsatz in ihrer Heimat das Evangelium, und etwas von dem Gehörten zog sie nach vorn, um diesen lieben Heiland anzunehmen. Doch war niemand da, Jenny in die tieferen Dinge einzuführen, und so blieb sie jahrelang äußerlich unverändert, obgleich sie in Herzenstreue stets an dem Erlöser festhielt, den sie an jenem Abend aufgenommen hatte. Dann folgte eine Zeit außerordentlicher Unruhe.

»Wenn einen Menschen übermäßiges Verlangen packt, wird er sogleich ruhelos«, sprach der weise alte Mönch. Ein übermäßiges Verlangen hatte Jenny ergriffen, und da sie nicht wußte, daß es sich um den Ruf Gottes handelte, meinte sie wie die meisten von uns, die Welt würde ihr Verlangen stillen, wenn sie nur die Gelegenheit dazu hätte. In Schottland war sie dazu nicht in der Lage. Die »Ruhelosigkeit« trieb sie in die Neue Welt. Weil sie Schwestern in Kanada hatte, wollte sie dorthin gehen. Also klopfte sie, ihr Vertrauen lediglich auf den im Herzen verborgenen Heiland und ihre geschickten Finger setzend, eines Tages an die Tür einer ihrer älteren verheirateten Schwestern. Schnell fand die Familie heraus, daß sie an Jenny kein unerhebliches Gut hatte, und war deshalb wohl traurig, als die innere Rastlosigkeit sie wieder forttrieb. An der Pazifikküste in der Nähe von Port City lebte eine weitere, ihr fast unbekannte ältere Schwester. Da Jenny mittlerweile erkannt hatte, daß ihr Glück buchstäblich in ihren Fingern lag, erforderte dieser zweite Umzug nicht so viel Mut. Wiederum erwies sie sich in kurzer Zeit dieser kleinen, ums Dasein ringenden Familie als goldrichtiger Zuwachs. Jenny ging großzügig mit ihrem Arbeitslohn um, half unermüdlich selbstlos im Haus, »sah« still zu, daß Dinge erledigt wurden, und erledigte sie still auch selbst. Das führte dazu, daß Jenny bald als Haushaltsmitglied gern gesehen wurde.

Wer von denen, die im kanadischen Nordwesten gelebt haben, befindet sich nicht im Bann dieser beeindrukkenden Landschaft? Glaubte Jenny, daß dieser Bann dem maßlosen inneren Verlangen, dem unterschwelligen, ununterbrochenen Ruf, entgegentreten könnte? Ganz allmählich dämmerte ihr, daß bloße Dinge, bloße Umstände, selbst Freundschaften das Verlangen nicht befriedigen konnten.

Genauso allmählich ging ihr nach und nach ein Licht auf, ein Licht, das seine Strahlen stetig auf Gott konzentrierte, den sie an jenem Abend in Schottland in ihr Herz aufgenommen hatte, der aber unter der Oberfläche geblieben war. Ihm war nicht gestattet worden, seinen Standplatz zu erweitern, einfach weil sie nicht wußte, wie sie das bewerkstelligen sollte, weil sie nicht einmal ahnte, daß es Gott möglich war, ihr mehr zu sein.

»Denn noch liegt die Wüste
vor meiner dürstenden Seele.
O lebendiges Wasser, quill auf,
und erquick' auf ewig meine Kehle.«

Sie arbeitete inzwischen in einer exklusiven Schneiderei in Port City, einem Geschäft, das nur Reiche betreten. In Port City befindet sich auch eine kleine Bibelschule, von der Jenny irgendwie hörte. Meine Freundin »Margaret« wohnt in einer Wohnung über der Schule und gehört zu den Absolventen dort. Eines Tages betrat eine kleine Gestalt das Büro, in dem Margaret arbeitete; Jenny ist nämlich nicht hochgewachsen. Margaret sah auf und erblickte eine modisch gekleidete junge Dame mit tiefblauen Augen, die sie anschauten. Das sorgfältig ondulierte Haar, die hübschen haargenau passenden Kleider buchstabierten *weltlich,* und Margaret hielt sie für eine Fremde, die sich in der Haustür geirrt hatte. Margaret wollte sie vorsichtig auf ihren Irrtum hinweisen, als die blauäugige Erscheinung ihren Mund öffnete und mit schottischem Akzent fragte, ob es sich hier um die Bibelschule von Port City handelte.

Verblüfft antwortete Margaret mit ja.

Dann fragte die Erscheinung: »Kann jedermann die Bibelschule besuchen?«

»Jeder, der Christ ist«, antwortete Margaret, wobei sie die Locken und das sorgsam gepuderte Gesicht ins Auge faßte.

Die Frage: »Kann ein Bibelschüler hier im Haus wohnen?« machte sie erneut sprachlos.

»Aber ja«, brachte Margaret mühsam hervor, wobei sie eher ihren Ohren als ihren Augen trauen wollte. »Hier wohnen nicht viele, aber oben gibt es noch Zimmer. Ich wohne hier, weil ich mit christlicher Arbeit beschäftigt bin, für die das Institut Verständnis hat, und gelegentlich helfe ich hier im Büro aus.«

»Wann könnte ich einziehen und anfangen?« Und dieses Paradoxon stand einfach da, als wäre das die normalste Frage von der Welt.

Einige Monate später erhielt ich im weit entfernten China einen Brief von Margaret. Es war ein typischer Brief aus der Heimat, doch ein Abschnitt daraus blieb mir im Gedächtnis haften. »Neben mir wohnt ein wundervolles kleines schottisches Mädchen namens . . . (Jenny). Sie ist ein unheimlich beherztes kleines Ding, das sich seinen Weg durchs Institut erarbeitet, und eine echte Beterin. Ich wünschte, du würdest sie kennenlernen. Sie würde dir bestimmt gefallen. Es ist einfach großartig, sie hier zu haben.«

Schicken Sternschnuppen, ehe sie in unsere Welt eintreten, ihre Strahlen voraus? Ich weiß es nicht; doch weiß ich, daß Menschen der zweiten Meile mit dieser Art unbewußter Kraft begabt sind. Irgend etwas in mir nahm seinen Anfang und liebte das »kleine schottische Mädchen, das sich seinen Weg erarbeitet«. Vielleicht aufgrund des Andenkens an ein ähnliches Mädchen, das ich bei Moody kennengelernt hatte und das ich noch sehr schätze.

Ich kannte die Kreise gut, in denen Jenny sich bewegte, und gelegentlich wurde sie auch von anderen in ihren Briefen erwähnt, aber immer mit Liebe und Bewunderung. Der Wert des Lobes hängt stark von dem ab, der es erteilt, und ich wußte, daß eine Empfehlung dieser Menschen von nicht alltäglichem Wert zeugte. Von Jennys Zukunftsplänen jedoch hörte ich nichts. In der Tat erzählte sie nicht einmal ihren besten Freunden, daß sie bereits ein Jahr vor ihrem Bibelschulabschluß ja zu ihrer Berufung nach China gesagt hatte. Jenny nimmt den Willen des Meisters gewöhnlich nüchtern und leicht hin:

»Der Meister sprach: ›Komm, folge mir . . ‹
Das war alles.
Der Erde Freuden wurden schwach,
meine Seele ging ihm nach.
Ich stand auf und folgte ihm –
das war alles.

Willst du nicht folgen, wenn du seinen Ruf vernimmst?«

Jenny erzählte niemandem etwas, weil sie um die Notwendigkeit ihrer Bewerbung beim Rat der China Inland Mission wußte; dieser Rat mußte sie annehmen, ehe sie überhaupt ausreisen konnte. Und vielleicht wollte die Mission gar keinen »Niemand«. Warum also vorzeitig etwas erzählen? meinte die Schottin in ihr.

Ich hörte, daß Jenny sich nach ihrer Abschlußprüfung mit Margaret auf eine Rundreise zu deren Einsatzorten begeben hatte und setzte als selbstverständlich voraus, daß sie in Margarets Arbeit eintreten würde; Margaret liebte sie sehr.

Jedes Jahr im Winter erleben wir in unserem abgelegenen westlichen Bezirk eine Galavorstellung: In der Missionszeitschrift »Chinas Millionen« erscheinen die Bilder und Zeugnisse der neuen Missionsmitarbeiter aus England und Amerika. Ungeduldig überfliegt man die Gesichter, liest die Berichte, denn im Frühjahr, wenn die Aussendung stattfindet, treffen ein oder mehrere Absolventen der Sprachausbildungsheime bei uns ein. Die Pionierbezirke verschlingen die neuen Arbeiter gleichsam und hungern nach weiteren. In den Jahren, in denen wir das Vorrecht hatten, einige aus der Schar der Zweihundert in unser Haus in Old Centre aufzunehmen und ihnen bei der ersten Gewöhnung an das Leben in China zu helfen, war es aufregend, die jungen Gesichter zu betrachten und sich im Geist für jemand zu entscheiden!

Als ich in jenem Herbst interessiert *Chinas Millionen* durchblätterte, fiel mir ein Gesicht besonders auf. Zwei unbewegliche junge Augen, die etwas auszudrücken schienen. Doch eben was sie ausdrückten, war schwierig zu beantworten und fesselte infolgedessen das Interesse. Treue, Mut und Güte waren vorhanden, aber da war noch etwas, etwas, das auf feste Zusage und Standhaftigkeit deutete. Und schwach lag ein Duft von Opfer in der Luft . . . ja, das war es. Die Augen bestätigten den Verzicht auf alles und weiterhin ein mit diesem Entschluß verbundenes Aufnehmen des Kreuzes, dem Lamm überallhin zu folgen. Man sah in jenen Augen die Erwartung von Leiden und die unbeugsame Bereitschaft, damit fertigzuwerden. Im wesentlichen sagten sie: »Wir wollen unsere Ehre nicht beflecken, indem wir vor dem Kreuz fliehen.« Und dieses Versprechen hielten die ernsten jungen Augen. Auf der Stelle empfand ich große Zuneigung zu dem Menschen, zu dem sie gehörten, und las den Namen unter dem Bild. Überrascht rief ich aus: »Aber das ist ja Margarets kleine Schottin!« Es war *Jenny*.

Doch hielt der Herr eine noch größere Überraschung für mich bereit. Im nächsten Frühjahr wurde sie unserer Provinz zugeteilt, und einige Monate später schickte Bachelor sie zu uns!

* * *

Ich erinnere mich noch gut an unser Zusammentreffen. Einer unserer »Jungs« geleitete sowohl Jenny als auch ein junges Mädchen von Moody, das zwei Tagesreisen weiter nördlich stationiert werden sollte, zu uns. Wir befanden uns in der denkbar schönsten Umgebung. Old Centre ist eine berühmte Stadt, die auf einer langgestreckten fruchtbaren Ebene liegt. Im Osten erstreckt sich ein türkisfarbenes Gewässer, das aufgrund seiner Form »Ohrensee« genannt wird, in glitzernder Pracht. Im Westen wird die Ebene von stattlichen Bergen abgeschlossen, die zu gewaltigen Schluchten und Tälern zusammengefaltet sind, als hätte ein Märchenriese versucht, sie zu »ondulieren«. Wir gingen auf einem mit Steinplatten belegten Weg, der zwischen smaragdgrünen Reisfeldern verlief, bis wir einen großen berühmten Tempel erreichten, der sich quer über den Weg erstreckt und den Wanderer zu Ruhe und Einkehr einlädt. Dort warteten wir. Bald tauchten die drei Gestalten hinter einer kleinen Erhebung des Pfades auf, und bei dem Ruf der Freude und des Willkommens stürmten Jenny und das Mädchen von Moody los, um mich jeweils als erste zu erreichen.

Mein erster »innerer« Kommentar lautete: »O *wie* blau ihre Augen sind!« Und als sie dann noch fröhlich lachte, bemerkte ich: »Im Kern mag sie ja von würdiger Ernsthaftigkeit sein, doch schreckt sie äußerlich vor keinem Spaß zurück! Gut. Sie wird bestimmt eine phantastische Missionarin.«

Keine Steifheit belastete die fröhliche Gesellschaft, die ihre Schritte zurück zum Abendessen lenkte. Jenny und ich wußten schon lange voneinander und hatten denselben Freundeskreis. Das kleine Moodymädchen brachte die letzten Neuigkeiten von unserer geliebten alten Schule mit. Und »unser Junge« hatte sich gerade verlobt, so daß jeder seinen Schabernack mit ihm trieb! Aber auch solch erfreuliche Zusammenkünfte dürfen die vorrangigen Pflichten des Missionslebens nicht hinauszögern. Also löste sich die Gruppe nach einigen Tagen auf; Petra beanspruchte das Moodymädchen für sich und rückte mit ihm zu ihrer Missionsstation ab.

Auch bei uns ergab sich eine Veränderung, denn uns war der Wunsch aller Pionierherzen erfüllt worden: eine Stadt für Christus »zu öffnen«. John war bereits dort gewesen, als er zwei von unseren Jungs auf den Weg zu der Stadt brachte, die sie ihrerseits für Christus erschließen sollten. Auf dem Heimweg hatte er in »Old Street«

kurz Halt gemacht, und es war ihm gelungen, dort ein baufälliges Chinesenhaus zu mieten. Er warnte Jenny und mich mit den Worten: »Es ist nicht gerade hübsch. Wenn ich einen Monat hätte warten wollen, hätte ich vielleicht auf einer neuen Reise dorthin ein besseres Haus bekommen. Oder aber ich hätte überhaupt gar keines bekommen!« John war oft mit der Aufgabe betraut worden, die Häuser zu mieten, die unsere jungen Arbeiter bei ihrem Pionierdienst bewohnen sollten. Bei unserer Ankunft in neuen Städten hatten wir oft erlebt, daß nach erfolgreicher Häusersuche unmittelbar vor Unterzeichnung des Mietvertrages der Eigentümer einen Rückzieher machte, weil die durch die Vermietung an einen Ausländer bei seinen Mitmenschen erregten Wutausbrüche ihm Angst einjagten. Am besten wurde gleich alles unterzeichnet und beglaubigt, ehe man den Eigentümer dem Keifen seiner Verwandten und Nachbarn überließ.

Jenny und ich lachten über Johns beunruhigten Blick. Hatten wir nicht defintiv darum gebetet, daß er auf *der* Reise ein Haus finden sollte? Und wer wollte schon mehrere Monate verlieren, nur um – möglicherweise – ein hübscheres Zuhause zu bekommen?

»Also, ich denke, es ist für euch Frauen besser, hier zu warten, während ich dort Zimmerleute und Maurer an die Arbeit kriege, um klar Schiff zu machen. Dann komme ich zurück, hole euch ab, und wir ziehen als Familie um.«

Der erneut ertönende Protest ließ John lächeln, denn es wäre letzten Endes doch viel angenehmer, alle bei sich zu haben. Also zuckte er mit den Achseln und meinte: »Gut. Wenn ihr es später bereut, macht mir ja keine Vorwürfe! Ich rate euch, hier zu bleiben, bis das Haus gereinigt ist und Frauen beherbergen kann.«

Am vereinbarten Tag brachen wir dann zu unserer mühsamen Reise nach Westen auf. Welch ein Aufbruch! Pferdeführer, die versprochen hatten, um sechs Uhr früh zu kommen, trafen erst um zehn Uhr ein. Und dann entdeckten wir, daß eine Ladung mehr vorhanden war als vorgesehen. Also mußten wir außerhalb der Stadt nach einem weiteren Pferd schicken. Nach einem langen Vormittag, den wir mit Warten verbrachten, brachen Jenny und ich mit unserem Kind (denn Gott hatte uns mittlerweile ein kleines Mädchen geschenkt) auf, während John zurückblieb, um auf das Pferd zu warten.

Eine Reise im Binnenland Chinas! Die unbedeutenden Prüfungen des Fleisches, die halsstarrige geruhsame eingefahrene Art des chinesischen Kuli oder des Maultiertreibers! Und wenn man tatsächlich in Gang kommt, wie dann die hehre Schönheit der wundervollen Berge Gottes dem erhitzten Gemüt Kühlung zuführt.

Wenn ich an jene Reise zurückdenke, erinnere ich mich besonders an das Anstreichen eines Zündholzes um vier Uhr dreißig in der Frühe, mit dem Jenny ihre Kerze ansteckte, um eine »stille Zeit« mit ihrem Herrn zu verbringen, ehe der Aufruhr des Tages dazwischenkommen konnte.

Am Nachmittag erreichten wir schließlich die von Heiden bewohnte Ebene und erreichten den Eingang von Old Street. Die ganze Hauptstraße entlang zählte John schnell noch einmal die Mängel des Hauses auf, so sehr fürchtete er eine Enttäuschung meinerseits. Er weiß immer, ob ich enttäuscht bin oder nicht, selbst wenn ich das zu verbergen suche!

Als eben der Fluß in Sicht kam, bogen wir rechts ab, überquerten die Dorfweide und befanden uns in unserem künftigen »Heim«. Es entpuppte sich als kleiner Hofraum, der auf drei Seiten von Gebäuden und der vierten von einer wackligen Mauer umgeben war. Aus einem Seitenflügel stieg der Rauch eines großen chinesischen Ofens auf; der chinesische Besitzer war nämlich noch nicht ausgezogen! Eine Wand des Hauptgebäudes war in der Mitte zusammengesackt und sah aus wie ein kleiner Junge mit Bauchschmerzen; nur notdürftig wurde die Wand mit einem Baumstamm abgestützt. Dem dritten Flügel fehlte im oberen Stockwerk der Fußboden, und alle Räume waren rußig, schmutzig und dunkel. Die Chinesen fürchten Sonnenlicht und Frischluft, und sie hatten das Menschenmögliche getan, diese zudringlichen Hellmacher fernzuhalten. Ein Zimmer war so dunkel, daß man darin überhaupt nichts sehen konnte, aber puh, der Modergeruch und die spürbare Anwesenheit unzähliger kleiner »Tierchen«!

Das obere Stockwerk des Hauptflügels war ein wenig heller, weil es hölzerne Fensterläden hatte, die sich öffnen ließen; aber auch hier fanden sich dicke Lagen von Ruß und Staub. Im nur zur Hälfte gedielten Nordflügel sollte Jenny wohnen. Der Ostflügel, den wir beziehen wollten, diente noch der Ahnenverehrung. Ehe die Familie auszog, ging die Dame des Hauses jeden Abend dorthin, zündete Räucherstäbchen und Lampe an, kniete auf der Bambusmatte nieder, klopfte mit einem kleinen Hammer gegen den hölzernen Fisch, um die Aufmerksamkeit der Götter zu erregen, und murmelte ihre Gebete vor sich hin. Wie die höhnische Wahrheit der Worte Elias uns bisweilen stumm über die Lippen kam, während wir ihrem unermüdlichen Klopf-klopf-klopf-tack-tack-tack lauschten! »Rufet mit lauter Stimme, denn er ist ja ein Gott! denn er ist in Gedanken, oder er ist beiseite gegangen, oder er ist auf der Reise; vielleicht schläft er und wird aufwachen.« Aber wir wagten nicht, das laut auszusprechen, weil sie eine aufrichtige Buddhistin war und unser Sarkasmus zwischen ihr und Christus höchstens eine dauerhafte Schranke errichtet hätte. Der einzige Weg, solche Menschen zu erreichen, besteht darin, sie beharrlich zu lieben, bis die Fremdartigkeit des christlichen Lebens in ihren Herzen ein Verlangen weckt, sie von allein kommen und nach dem Unterschied fragen. Dann kann man ihnen alles sagen und auch hinzufügen: »Und dieser Heiland braucht nicht durch lautes Klopfen auf uns aufmerksam gemacht werden. Er liebt uns so sehr, daß er unser keinen Augenblick des Tages oder der Nacht vergißt. Er hat sogar versichert: ›*Ehe* sie rufen, werde ich antworten.‹«

Am Ende zogen die Chinesen tatsächlich aus, und Zimmerleute und Maurer erschienen auf der Bildfläche. Das Durcheinander, in dem wir alle lebten! Da es sich bei Old Street um einen Pioniereinsatz handelte, fürchteten sich die Leute davor, in unsere Dienste zu treten. Obwohl uns einige dennoch halfen, nahmen wir den größten Teil der Aufräumungsarbeiten selbst in Angriff. Und immer – so still, daß es uns kaum auffiel – wurde *zuerst* für Johns und meine Behaglichkeit Sorge getragen.

Ich sehe Jenny noch vor mir, wie sie eines Morgens in unserer Wohnung erschien: den Kopf mit einem weißen Tuch umwickelt, eine Schürze vorgebunden und mit einem Besen bewaffnet. Inzwischen hatten wir die verrammelten Fenster freigemacht und ein drittes in die Lehmwand gebrochen, um einigermaßen sehen zu können.

»Was willst du denn damit?« Argwöhnisch beäugte ich den Besen.

»Euer Dach abfegen!«

»Aber Jenny, dein Dach hat das doch genauso nötig! Laß uns deines zuerst machen!«

»Meins kann warten. Außerdem ist der Fußboden

noch nicht fertig, und ihr seid drei und ich nur einer. Mein Dach kann jederzeit gemacht werden. Darauf kommt es nicht an.« Es war immer dasselbe. Auf Jennys Behaglichkeit »kam es nicht an« . . . Und allen Vorwürfen zum Trotz setzte sie irgendwie ihren Willen durch.

Also stöberte ich ein Kopftuch auf, und gemeinsam nahmen wir das Dach in Augenschein. Eine Decke war nicht vorhanden, so daß wir direkt die Unterseite der Lehmziegel sahen. Sie waren vom Ruß vieler Jahre schwarz geworden, Ruß, der von den täglichen Räucherungen und auch anderen Feuern herrührte. Außerdem hingen von den Ziegeln lange Staubfäden wie rostbefallenes Moos herunter; Spinnengewebe und Mottenkokons rundeten das Bild ab. Alles in allem sah es recht malerisch aus, glaube ich!

»Ich hab's«, meinte Jenny. »Ich steige einfach auf den hohen Räucheraltar, den sie hiergelassen haben, und kann dann die Sparren auf der Seite erreichen. Auf geht's!« Eine Sekunde später stand sie bereits auf einem niedrigen Schränkchen und war dabei, auf den Altar zu klettern, als ihr ihre ulkige Haltung bewußt wurde. Schelmisch lächelnd hielt sie eine Sekunde lang inne, einen Fuß auf dem Altar, den anderen auf dem Schränkchen und schwang den Besen in ihrer rechten Hand. »Hochmut kommt vor . . .«, begann sie kichernd, doch weiter kam sie nicht. Ich fühlte, wie das ganze Haus erbebte; um mich und auf mich prasselte es nieder wie ein Regenguß. Ich dachte an die Baufälligkeit des alten Hauses und zog den Schluß, daß zumindest das Dach eingestürzt war. Mein Gesicht mit den Händen bedekkend, wartete ich darauf, von einem einzelnen Ziegel ins Jenseits befördert zu werden. Als jedoch einen Augenblick später Stille eintrat, öffnete ich vorsichtig meine Augen. Mitten auf dem Fußboden inmitten von Schmutz und Schutt saß eine kleine Gestalt mit schornsteinfegerschwarzem Gesicht und zwei blauen Augen, die erstaunt bestürzt zu mir aufblickten. Im nächsten Moment hallte das Dach, das noch vorhanden war(!), von gellendem Gelächter wider.

Unterdessen war John, nachdem er das Krachen vernommen hatte, in großen Sätzen zu uns herauf gesprungen. Als er aber den blauäugigen »Schornsteinfeger« auf dem Boden sitzen sah und erkannte, daß niemand zu Schaden gekommen war, lehnte er sich ebenfalls an die Wand und lachte lauthals. Wir hatten nicht gewußt, daß ein Bein des langen schweren Räucheraltars auf einem unebenen Stein ruhte. Jennys Satz hatte ihn umgestürzt, wobei er nicht nur sie, sondern auch das Schränkchen mitriß. Die Heftigkeit des Sturzes erschütterte das wacklige Gebäude und »fegte« in Güssen von Ruß und Lehmstückchen das Dach für uns. Als wir uns schließlich beruhigt hatten, versicherte uns die rußbeschmutzte »Schornsteinfegerin«, daß sie unverletzt wäre. Doch weil ihre Kleidung zum Teil zerrissen war, mußte sie sich umziehen gehen. Sie machte sich also auf, wobei sie den ganzen Weg die Treppe hinunter vor sich hin kicherte.

Bereitwilligen, fröhlichen Herzens harrte Jenny in den geschäftigen beschwerlichen Wochen bei uns aus und half mit. Am Ende wurde unsere Mühe mit getünchten Wänden, Putz, einem reparierten Dach und geraden Außenwänden belohnt. Wir hatten gerade den Punkt erreicht, an dem wir richtig mit der evangelistischen Arbeit beginnen konnten, als ein Brief von Bachelor eintraf. Einem Missionar ging es gesundheitlich so schlecht, daß er zur Küste geleitet werden mußte. Da sowohl John als auch ich uns schon seit längerer Zeit selbst in ärztliche Behandlung begeben müßten, hielte er es für das beste, wenn wir die Begleitung des Missionars übernähmen. Natürlich stellte sich die Frage, was mit Jenny geschehen sollte. Es sei eine äußerst wertvolle Erfahrung, allein mehrere Monate lang unter Chinesen zu leben, doch Bachelor sagte, daß er etwas so Schwieriges niemals von einer jungen Frau verlangen würde. Am besten sei es, wenn sie bis zu unserer Rückkehr beim nächsten Ehepaar wohnte.

Manchmal habe ich den Herrn gleichsam hinter Jenny stehen sehen, wobei eine Hand liebevoll auf ihrer Schulter ruhte und die andere stumm auf eine »zweite Meile« hinwies. Wie ernst die blauen Augen dreinblicken, während sie gedankenverloren in die Ferne schweifen und Jenny in ihrem Herzen Zwiesprache mit IHM hält. Kein Anzeichen für einen Kampf war zu sehen, doch nach einer Weile sagte sie: »Ihr könnt dem Superintendenten schreiben, daß ich allein hierbleibe. Es ist, wie er sagt, eine wertvolle Erfahrung, und es ist nicht klug, das neu erschlossene Missionsfeld brachliegen zu lassen.«

Vorsichtig versuchten wir, ihr die Folgen einer solchen Entscheidung aufzuzeigen: kein anderer Ausländer im Umkreis von drei Tagesreisen, sie der Sprache noch nicht mächtig, kein Christ, der ihr helfen oder sie unterstützen könnte. Es gab da zwar eine Köchin, doch deren Lebenswandel stellte keine Empfehlung für ihr christliches Bekenntnis dar. Und wir wären längere Zeit unterwegs – am Ende waren es vier Monate. Jenny blieb fest. »Es ist besser, wenn ich bleibe«, war ihre einzige Bemerkung.

Also mußten wir Abschied von ihr nehmen, eine kleine Gestalt, die in einer von Chinesenfriedhöfen gesäumten Straßenbiegung stand, die sonnenbeschienene Ebene im Rücken. Hatte das Symbolcharakter: ein kleines lebendiges Wesen unter all den Toten, die so schwer, so steinern um sie herum lagen? Würde sie unter der Last des Heidentums zusammenbrechen? Nahezu zwei Jahre später besuchte eine Bethel-Schar diesen Ort, und die Mitglieder meinten, daß sie seit Shanghai nicht mehr auf solch »versteinerte« Herzen gestoßen seien. In Old Street treffen große Unwissenheit und blindes Heidentum aufeinander; die wenigsten Bewohner der kleinen Ebene können lesen. Steine . . . Gräber . . . und ein junges Herz erfüllt vom Wort des Lebens: Wer würde den Sieg davontragen?

An derselben Stelle sah ich Jenny bei unserer Rückkehr wieder. Von einem Hügel schaute ich hinüber und erblickte auf dem gegenüberliegenden eine mädchenhafte Gestalt, die auf einem Grabstein saß. Jenny stand auf und winkte hocherfreut als Antwort auf mein »Hallo«. Beide rannten wir an den Fuß des Hügels hinunter, wo ein Bach über Steine plätschert. Ein Sprung, und ich schloß sie in meine Arme.

Über die vier langen einsamen Monate, die schreckliche Isolierung, denn obwohl sie Menschen begegnete, war sie nicht in der Lage, sich mit ihnen zu unterhalten, die Eintönigkeit der Tage, die schleppenden Sprachstudien, die chinesischen Besucher, die alles mit unverschämter Zudringlichkeit untersuchen (jedenfalls erscheint uns das so, die wir erzogen wurden, die Privatsphäre anderer zu achten), das Sehnen, ihnen vom Erlöser zu erzählen, den sie nur anzunehmen brauchten, die stolpernde Ungeschicklichkeit der Zunge und die beißende Demütigung, wenn ein ernsthafter Versuch verspottet wird, wollte sie kaum etwas erzählen. Bei oberflächlicher Betrachtung waren die »Steine« noch Steine, doch das anhaltende Gebet eines standhaften jungen Herzens hatte das seine getan, einige von ihnen zu lockern. Das fanden wir nach unserer Rückkehr heraus, als wir das Wort von ihrer Erlösung zu predigen begannen.

Eine viel später fallengelassene flüchtige Bemerkung ließ die vier Monate in hellem Licht erscheinen, und da wurde mir klar, daß Jenny, wenn sie liebevollen Fragen auch auswich, mit Sicherheit dem Herrn kein Opfer gebracht hatte, »das sie nichts kostete«.

* * *

Mit uns kamen zwei weitere junge Missionarinnen zurück, eine großartige Gabe Gottes für unseren großflächigen Westen. Als mein Vater erfuhr, daß die drei bei uns wohnten, gab er ihnen lachend die Spitznamen »Faith, Hope und Love« mit der Bitte, sich jeweils für einen zu entscheiden. Jenny wählte sofort Love. »Weil sie«, meinte sie, »niemals vergeht«. Mit diesen dreien erlebten wir einen glücklichen und ereignisreichen Sommer.

Eines Herbstabends waren wir ausgelassen und zufrieden um den Abendbrottisch versammelt, denn zwei unserer Jungs waren auf ihrem Weg nach Westen bei uns zu Besuch! Mitten in die heitere Schar schlug ein Blitz ein, und wieder war es ein Brief von Bachelor.

»Da das wichtige Zentrum von Eternal Prosperity unbesetzt ist«, hieß es in dem Brief des Superintendenten, »haben wir die Entscheidung gefällt, daß Fräulein Jenny und Fräulein Hope die Stelle übernehmen sollen. Wir legen einen augenblicklichen Aufbruch nahe.«

Jenny und Hope sind zwei liebe, doch völlig verschiedene Menschen, die gleichsam an entgegengesetzten Enden der Anlagenskala geboren wurden. Völlig selbstverständlich gelangten sie zu unterschiedlichen Ansichten. Jenny zum Beispiel glaubte, daß man auf sich allein gestellt am besten unter den Leuten arbeiten könne. Hope dagegen glaubte aufrichtig, daß es für eine unverheiratete Ausländerin äußerst unklug sei, allein unter Heiden zu leben, daß der Herr selbst seine Jünger immer zu je zwei ausgesandt hatte. Mit anderen kleinen und großen Fragen verhielt es sich ebenso. Wie sollten zwei so verschiedene Charaktere gut zusammenarbeiten?

Unsere Missionsgesellschaft zwingt niemanden zur Zusammenarbeit mit einer Person, mit der man nicht arbeiten möchte; die Mädchen hätten also ablehnen können. Doch wenn es um Versetzungen geht, vertrauen die Verantwortlichen der Gesellschaft stets auf das Gebet. Wir waren so froh, daß keine von beiden durch Worte, Blicke oder Taten zum Ausdruck brachte, daß die Versetzung nicht der Wille Gottes sei.

Nichts im gewöhnlichen Leben der Heimat kommt dieser Prüfung nahe, der sich zwei junge Missionarinnen so gegenübersehen. Stellen Sie sich zwei Mädchen vor, die beide kaum des Chinesischen mächtig sind, wie sie miteinander umgehen müssen und dem nicht über den üblichen Dienst an den Mitmenschen entkommen können. Das Sprachstudium kann zu seelenschwächender Monotonie ausarten. Paradoxerweise frischt die Arbeit unter Menschen wieder auf. Man ist zwar fast immer sehr erschöpft, doch das Abgeben geistlicher Kraft im Rahmen der Verkündigung macht ein entsprechendes Auftanken beim Herrn selbst erforderlich, das den Geist erfrischt, ganz gleich wie erschöpft der Leib ist. Doch im Stadium des Spracherwerbs stellt die ständige Beschäftigung mit Lauten und »Schriftzeichen« eine starke körperliche Belastung dar, und ohne Anlaß fühlt die Seele sich verbraucht und unschöpferisch. Bringt man zwei junge Menschen, die sich in dieser Lage befinden, zusammen, Menschen, die sich gegenseitig nicht als Gefährten ausgesucht haben, sich eher gemieden hätten, und überläßt die beiden sich selbst, ohne daß ein geistesverwandter Freund als Zuflucht zugegen ist, bei dem man sich aussprechen kann, resultiert daraus keine unerhebliche Belastung! Gelegenheiten, die »zweite Meile« zurückzulegen, ergeben sich nahezu stündlich, bis jegliche mit diesem Begriff verbundene Romantik verflogen ist. Man wird sich lediglich des wilden Verlangens bewußt, »ausbrechen« zu wollen und zu tun und zu sagen, was man will!

Eine spaßige Karikatur macht diese Situation sehr anschaulich.

»Hör auf, mich zu verfolgen!«

Beachten Sie den offensichtlich energischen Charakter des ersten Fisches. Wie ärgerlich es ist, ewig vom inhaltslosen Lächeln des zweiten Fisches verfolgt zu werden! In hilflosem Zorn brüllt der erste Fisch: »Hör auf, mich zu verfolgen!« Aber *wie* hilflos ist er! Wohin soll der zweite Fisch sich denn wenden? Es wäre genauso schlimm, in die andere Richtung zu schwimmen und ständig mit dem ersten Fisch zusammenzustoßen. Also ist es viel besser, sich hinter seiner empörten Schwanzflosse herumzudrücken!

Man kann sich vorstellen, daß unter solchen Umständen, die einem Christen in der Heimat aufgrund ihrer geringen Bedeutung nicht auffallen würden, plötzlich an Wichtigkeit gewinnen. Einmal war ich mit einer Missionarin zusammen, die sich eine schlampige Aussprache angewöhnt hatte; sie sagte zum Beispiel *fahn* statt *fahren* und *fahnt* statt *fahrend.* Diese unbedeutende kleine Sache, die man Zuhause mit einem Lächeln abgetan hätte, gewann nach und nach an Gewicht, erregte nach und nach entschieden Anstoß. Man kritisierte sich selbst, weil man sich über eine so unerhebliche Angelegenheit aufregte, wo doch die Sprecherin mit so vielen edlen Eigenschaften begabt war. Doch die Eigenschelte richtete nichts aus; irgend etwas tief drinnen ärgerte sich über die Aussprache. Man fühlte sich regelrecht unter Druck gesetzt, wenn man bei den Mahlzeiten, wo Flucht ausgeschlossen war, mit *fahn* oder *fahnt* in Berührung kam. Die Rückkehr der Familie oder die Ankunft von Besuchern schwächten den Druck so weit ab, daß ich mittlerweile sogar vergessen habe, wer die Übeltäterin war . . . doch habe ich noch lebhaft in Erinnerung, wie der Maulwurfshaufen sich langsam in einen Berg verwandelte.

* * *

Besorgt warteten wir und beteten für Jenny und Hope. Würde der Augenblick des »Ausbrechens« kommen? Was würde geschehen?

> »Sprach der Führer leise:
> ›Die zweite Meile ist lang,
> aber ich gehe mit dir,
> wenn du nicht das Deine suchst.‹«

Wessen »Eigen« würden sie unter der Glut und dem

Druck dieses unerwarteten Kreuzes suchen? Wer das »Seine« sucht, endet unterschiedslos folgendermaßen: »Geh du deinen Weg, ich geh meinen!« Aber Christus wandelt nicht auf dieser Straße.

Monate später erhielten wir durch jemanden, der Jennys und Hopes Station besucht hatte, die Antwort: »Die Mädchen treffen sich jeden Tag, um für die Ortsgemeinde zu beten! Sie beten jeden Tag für jedes ihnen bekannte Gemeindemitglied, ganz gleich, wie lange das dauert. Und es dauert gewöhnlich über eine Stunde.«

Welche Freude diese Mitteilung auslöste! Denn sie zeigte, daß die Mädchen das *»Seine«* suchten.

»Ich gehe mit dir, wenn du nicht das Deine suchst.«

Daß Gott sich in ihrer Mitte befand, wurde bald offenkundig. Die Nachricht von Erweckung in einer kleinen Gruppe Dörfer auf ihrer Ebene wurde zu uns herübergeweht. Etwa ein Jahr danach stattete die Bethel-Schar ihnen einen Besuch ab, und kein Ort im ganzen Westen reagierte so positiv wie diese Stadt, die vom missionarischen Standpunkt aus jahrelang als hartherzig, materialistisch und unfruchtbar gegolten hatte!

Hope schrieb uns freudig: »Von Jenny werdet ihr gehört haben, wie großartig wir hier gesegnet werden. Es scheint fast unwirklich; es ist alles so wundervoll . . . wenn sonntags noch mehr Leute kommen, brauchen wir bald neue Bänke.«

Später Jenny selbst: »Ja, ich bin froh und freue mich jeden Tag erneut darüber, wie Gott ›Eternal Prosperity‹ gesegnet hat und segnet. Im ganzen letzten Jahr haben Hope und ich uns täglich nach dem Mittagessen Zeit zum Beten genommen . . . und schon lange ehe die Bethel-Schar hier eintraf, haben wir besonders für ein Wirken des Heiligen Geistes unter den gebildeten Stadtbewohnern, *besonders den Lehrern,* gebetet.« Einer dieser

Lehrer namens S. hatte sich bekehrt und setzte sich beachtlich für seinen Herrn ein. Jenny schrieb über diesen ungewöhnlichen Mann: »Wir haben erfahren, daß Lehrer S. zu einer eleganten Abendgesellschaft eingeladen war und die Zuhörer mit seinem Zeugnis fesselte. Er erzählte, jemand habe zu ihm gesagt: ›Ich höre, Sie sind der Jesus-Religion beigetreten . . . worum dreht es sich? . . . glauben Sie, daß Sie sterben werden?‹ Er antwortete: ›Ich bin schon seit dreißig Jahren tot!‹ und erklärte warum das so sei.« Noch später: ». . . Lehrer S. hat von der Schulbehörde eine angeblich auch vom Stadtrat autorisierte Nachricht mit dem Inhalt erhalten, daß, falls er der Jesus-Religion nicht absage und dieses der ganzen Stadt durch Anschläge öffentlich bekanntgäbe, man ihn gebunden die Hauptstraße auf und ab führen wolle. Schriftlich antwortete er: ›Sie können mich gebunden die Hauptstraße auf und ab führen: Sie können ein Kreuz errichten und mich daran schlagen, doch Jesus werde ich nicht entsagen.‹ Seitdem ist nichts geschehen – das war vor drei oder vier Tagen. Die anderen Lehrer wollen nichts mit ihm zu tun haben. Seine Entschiedenheit hat große Bedeutung, dessen bin ich sicher. Er hat gestern so kraftvoll gebetet, als wir nach dem Gottesdienst zusammenkamen. Er meinte, daß die Verfolgung nur dazu da sei, die Schlacken zu entfernen und ihn als geläutertes Gold sichtbar werden zu lassen. Möge Gott ihm das gewähren.«

Legt man die »zweite Meile« jemals ohne Lohn zurück? Niemals. Unser Leiden, unser Kummer mögen stets nur Gott bekannt sein, wir mögen unseren Lauf beenden und in den Augen anderer Menschen immer noch als ein »Niemand« dastehen (obwohl ich wirklich glaube, daß Menschen der zweiten Meile zu selten und zu hell auftreten, um nicht früher oder später doch

Beachtung zu erregen), aber immer hören wir das »Wohl, du guter und treuer Knecht« in einer Stimme, die wir über alles lieben. Immer folgt das Lächeln Jesu, »des Himmels Sonnenschein«. Unsere zweite Meile muß nicht spektakulär sein. Thomas Ragland schreibt: »Schon *zwei* Talente brachten ein ›Wohl‹ ein!«

* * *

Und jetzt habe ich ein letztes Bild, eine kleine Randverzierung vor Augen, das das Leben auf der »zweiten Meile« so deutlich und einfach veranschaulicht, besonders seine alltägliche Daseinsform, die Sie und ich ebenfalls erleben dürfen.

Einmal überquerten wir an einem kalten Herbstmorgen einen Gebirgszug. Wir befanden uns in solcher Höhe, daß die Wolken uns einhüllten; sie schienen wie kalter, feuchter, grauer Nebel. Ich war völlig durchgefroren und verließ meinen Tragsessel, um ein Stück zu gehen; doch selbst dabei empfand ich die Bedrückung durch den alles durchdringenden Nebel. Am Ende rief John von vorne: »Wir machen uns jetzt an den Abstieg! Kopf hoch, Liebes, bald sind wir wieder in der Sonne!« Einen Augenblick später: »Da! Isobel, schau! Da liegt die Ebene! Da unten!« Ich sah in die Richtung, in die er deutete, und erblickte in der grauen, uns einhüllenden Wolkenmasse einen Riß. Durch diesen konnte ich, wie von silbrigem Dunst eingefaßt, Hunderte von Metern tief, tief unten, eine langgestreckte sonnige Ebene liegen sehen. Baumbeschattete Dörfchen waren hier und da verteilt, muntere Bächlein und Flüßchen plätscherten ihren Weg dazwischen hin, und an die gegenüberliegenden Vorberge lehnte sich behaglich eine große geschäftige Chinesenstadt an.

In eben die Stadt war Jenny damals gerufen worden, eine Zeitlang »auszuhelfen«, bis die eigentliche Missionarin zurückkehren würde. Und ich möchte, daß Sie nun zusammen mit mir durch die von silbrigem Dunst eingefaßte Öffnung auf die kleine Randverzierung blicken. In der großen Stadt sitzt in einem kleinen Obergemach Jenny, die Ellbogen aufgestützt, das Kinn in Händen, und schaut blauäugig ernst aus dem Fenster. Betrachtet sie so nachdenklich die sonnenüberflutete Ebene? Nein, sie spricht mit Gott, der in ihrem Herzen wohnt. Jenny befindet sich nämlich in einer fürchterlichen Verwirrung, einer undenkbar schwierigen Lage, einem Durcheinander von Umständen, auf die sie allem Anschein nach keinen Einfluß hatte. Was soll sie nur tun? Folgendes war geschehen:

Vor langer Zeit bewohnte Missionarin A dieses Haus und besaß auch einiges an Möbelstücken. Dann löste sie sich von der CIM, zog fort und verkaufte ihre Habe an Missionarin B. Missionarin B wiederum verkaufte später an Missionarin C, deren Vertretung Jenny übernommen hatte. Doch Jenny wurde nichts von dieser Entwicklung mitgeteilt, und eines Tages bekommt sie einen Brief von Missionarin A, in dem es heißt, sie werde wieder in der Stadt arbeiten und verlange die Möbel zurück, die sie Missionarin B geliehen hätte.

Jenny benutzt rein zufällig eben diese Möbel; doch weil sie meint, kein Recht dazu zu haben, übergibt sie bei deren Ankunft alles widerspruchslos an Missionarin A. Darauf trifft ein Brief von Missionarin C ein, die von Missionarin As Rückkehr erfahren hat, in dem Jenny erklärt wird, Missionarin A müsse an Erinnerungsschwäche leiden, der Kaufvertrag könne vorgelegt werden und *die Möbel müßten zurückgegeben werden.*

Jenny weiß natürlich, daß Missionarin A nicht vorsätzlich unaufrichtig gewesen ist. Sie ist vorgerückten Alters, lebt, weil sie arm und allein ist, sehr anspruchslos und besitzt keine anderen Möbelstücke oder Annehmlichkeiten. Die Rückforderung brächte die arme Seele in eine üble Lage. Außerdem würde das Aufdecken ihrer »irrigen Erinnerung« sie sicherlich verletzen, wo doch alles so unschuldig geschehen war!

Da sitzt sie also, eine kleine Gestalt in großen Schwierigkeiten. Die ernsten blauen Augen blicken unbeweglich auf die Ebene, doch im Herzen fragt Jenny: »Was würdest du tun, Herr?« Die Antwort schwebt leise durch die Jahrhunderte. Erteilt er jemals eine andere als diese? »Wenn jemand dich nötigt, eine Meile zu gehen, mit dem geh *zwei.*«

Die blauen Augen schauten nach oben . . . »In Ordnung, Herr. Danke. Das wollte ich nur noch einmal wissen.« Und Jenny geht in die Stadt, bestellt still einen Tischler, trägt ihm auf, die Möbelgarnitur nachzubauen, identisch aussehende neu herzustellen und die Rechnung *auf sie* auszuschreiben. Und das zu einem Zeitpunkt, wo ihre eigenen Geldmittel fast erschöpft waren.

* * *

Fast zwei Jahre lang lebten Jenny und Hope in einer von den Chinesen als einzigartig bezeichneten Harmonie zusammen. Dann wurde Jenny ein »Herzenswunsch« erfüllt. Lange hatte sie still den Wunsch gehegt, im Lisuland arbeiten zu dürfen. Anfangs schien diese Sehnsucht hoffnungslos, denn noch nie war eine einzelne Frau in das wilde Bergland gesandt worden. Doch das Gebet öffnet viele verschlossene Türen, und nach vielem »Anklopfen«, im geheimen auf den Knien, wurde ihr diese »Tür« aufgetan. Jenny wurde in den südlichen Bezirk geschickt. Die Missionsgesellschaft hatte sich dafür entschieden, probeweise einzelne Frauen bei der Arbeit unter den Lisu einzusetzen, und Jenny sollte den ersten Versuch unternehmen.

Eine lebhafte, junge Krankenschwester, deren Name »Reinheit« bedeutet, wurde Hope zur Seite gestellt. Zwei Wochen nach deren Anreise setzte Jenny sich mit einer Schar erfreuter Lisukulis nach dem ersehnten Land in Marsch. Sie sandte mir die glückliche kurze Mitteilung: »Lebwohl! Ich hoffe, in Lisuland zu *sterben*!«

Star springt von der Landkarte

»Hast du keine Narbe?
Keine versteckte Narbe in Fuß, Seite oder Hand?
Man singt dir Lieder im ganzen Land.
Sie jubeln deinem leuchtenden aufsteigenden Stern zu.
Hast du keine Narbe?«

Donavur

Dieser »leuchtende aufsteigende Stern« am christlichen Firmament – auf mehr als einem Kontinent kennt und schätzt man ihn wegen seiner Schriften – lebt mit seinem Ehemann Pioneer in Lisuland, und zwar so weit nördlich von Jenny, daß man für die dazwischenliegende Wegstrecke fast zwei Wochen brauchen würde.

Eines Tages las John in dem Städtchen Old Street, acht Tagesreisen südlich von Stars Wirkungskreis, einen Brief von Pioneer, in dem nachdrücklich um Hilfe gebeten wurde. Das Missionsfeld Stars und Pioneers lag viele Tagesreisen nördlich des Gebietes, in dem Bachelor ursprünglich gearbeitet hatte. Der nördliche Teil der großen Salweenschlucht ist noch unzugänglicher, wilder und gebirgiger; doch die Herzen der Lisu waren darauf vorbereitet, das Evangelium freudig aufzunehmen, und so hatten sich die beiden Missionare aufgemacht, bei diesem Volk zu leben. Aber schnell wuchs ihnen die Arbeit über den Kopf. Die Missionsgesellschaft nahm den Bericht über ihre Notlage mitfühlend zur Kenntnis, hatte aber keine Missionare zur Verfügung, die sie ihnen hätte schicken können. Um den frisch im Glauben Stehenden solide Grundlagen zu vermitteln, damit sie nicht aus Mutlosigkeit ins Dunkel zurückfielen, entschlossen Star und ihr Ehemann sich deshalb zur Trennung, bis Hilfe einträfe. Sie sollte allein in ihrem Missionsgebiet bleiben, während er sechs Tagesreisen nach Norden ziehen wollte, wo die Lisu sich zu Hunderten zu Christus bekehrten.

In den einfachen Gotteshäusern des Lisulandes bei den Abendgottesdiensten, wenn das einzige Licht von den brennenden Kienspanhäufchen kam, ist mir oft der Unterschied zwischen den saftigen und den trockenen Spänen aufgefallen. Die saftigen sehen klar und durchsichtig aus; man erkennt sie auf den ersten Blick. Legt man einen solchen auf den brennenden Stapel, fängt er augenblicklich Feuer und wird mit rasender Geschwindigkeit von der Flamme verzehrt. Oft habe ich gehört, daß sie einen leisen Knall, einem lauten Schmerzensschrei ähnlich, von sich gaben, wenn das Feuer ihr Innerstes erreichte. Kurz danach stehen sie lichterloh in Flammen, und bald ist nur noch ein verkohltes Stäbchen oder graue Asche übrig.

Diese klaren, durchsichtigen, »saftigen« Späne erinnern mich immer an Pioneer. Er fürchtet das Feuer nicht, wenn er, um einer verlorenen Seele den Weg zum Heil zu erleuchten, sich selbst auf den Stapel wirft. In solchen Augenblicken ist er von einer vor nichts zurückschreckenden Entschlossenheit beseelt. Wir haben erlebt, wie Pioneer sich auf einen Bereich der Herrschaft Satans gestürzt und ihn für Christus in Anspruch genommen hat. Und wenn der »Zorn des Unterdrückers« sich regt, reagiert Pioneer noch hartnäckiger. Die zur Raserei gebrachten Heerscharen des Bösen greifen ihn von allen Seiten an, jagen ihm Furcht ein, bis er, wie der brennende Kienspan, einen leisen Schrei ausstößt: »Ich habe Angst, es nicht aushalten zu können!« – Doch *immer* hält er es aus.

Die Tiefe des heidnischen Dunkels im nördlichen Teil der Schlucht kennen wir nicht; doch einer der Briefe Pioneers, den er schrieb, als er sich in noch unbekehrten Dörfern aufhielt, ließ die Schrecken der bösen Mächte ahnen. »Des Nachts«, schrieb er, »kann ich die Zechgelage der heidnischen Lisu hören. Ihr betrunkenes Gelächter hat einen dämonischen Klang, der einen erschaudern läßt – das hier ist ein furchtbarer Ort. Noch nie habe ich die Herrschaft des Bösen so stark empfunden. Ich kann es kaum ertragen.« Aber weil er Pioneer ist, hielt er durch, bis alles zu einem guten Ende gebracht war. Der chinesische Grundherr raste vor Zorn über Pioneers Beharrlichkeit; er ging einmal sogar so weit, daß er die Leute bedrohte, die Pioneer Lebensmittel gaben. Doch die ganze Zeit über blieb Pioneer auf seinem Posten. Auf der einen Seite freute er sich über die vielen hundert Lisu, die Christen wurden; auf der anderen Seite trat er einfach furchtlos dem »Zorn des Unterdrückers« entgegen.

Mit »chinesischer Grundherr« ist der gemeint, der das Land gesetzmäßig besitzt, auf dem die Lisu ihren Mais anpflanzen. In dieser Region existiert der Feudalismus noch, wobei der chinesische Grundbesitzer der »Grundherr« und die Lisu die Leibeigenen sind. Plötzlich bemerken diese heidnischen Grundherren, daß ihre Diener, die sie verächtlich wie Tiere behandeln, lesen lernen, die Teufelsanbetung abgelegt haben und einen gewissen »Jesus« verehren, den der Fremde vorgestellt hat. Besorgt und wütend beginnen sie, die Leute zu drangsalieren und Drohungen auszustoßen, damit ihre bislang unangefochtene Herrschaft nicht geschwächt wird.

Opium sollte heute in China nicht mehr gewonnen werden; wird es aber dennoch gewonnen, muß man eine Steuer dafür zahlen. Die chinesischen Grundherren ziehen einen hohen Gewinn aus der Opiumsteuer und sind deshalb, wenn ihnen zu Ohren kommt, daß Lisuchristen das Rauschgift nicht mehr gewinnen wollten, so aufgebracht, daß sie von den Anbauunwilligen die Steuer in doppelter Höhe verlangen. Solch schiere Ungerechtigkeit! Wer würde die Mühsal des Weges dorthin auf sich nehmen und Nachforschungen anstellen, um diese Ungerechtigkeit abzustellen? Ein Konsul hat es versucht; doch als er seinen Lebensmittelvorrat verloren hatte, weil ein Stück des schmalen Pfades unter dem Gewicht des Mulis abgerutscht und in den Fluß gestürzt war, mußte er am Rand der großen nördlichen Schlucht schon wieder umkehren.

Also bedrohten die triumphierenden Grundherren die lieben Lisuchristen um Star. Und was bedeutet eine Frau schon einem chinesischen Beamten, auch wenn sie noch so gut Chinesisch und Lisu spricht? Überhaupt nichts. So erging ein Ruf an Old Street: Könnte John kommen und sich bis zum Ende der Opiumzeit in Stars Region aufhalten? Schon seine Anwesenheit würde eine Erleichterung bedeuten, und jede Hilfe, die das bittere Dasein dieser lieben Kinder der Scholle erleichtern könnte, wäre sicherlich der Mühe wert.

Der SOS-Ruf erreichte vorbereitete Herzen – ein jüngstvergangener Kummer hatte uns sensibel gemacht und uns zum geliebten Herrn aufblicken lassen, um herauszufinden, ob der Kummer einen tieferen Sinn hatte als äußerlich sichtbar war. War ER dabei, unser Leben in neue Bahnen zu lenken? Dann erreichten uns aus etlichen verschiedenen Quellen Nachrichten von der Notlage dieser großen neuen Lisuregion. Und noch ehe Pioneers Briefe eintrafen, hatten wir begonnen, unsere Blicke beobachtend auf die nördlichen Berge zu richten. Ursprünglich waren wir für den Einsatz unter den »Urstämmen« ausersehen worden; doch mein schlechter Gesundheitszustand und andere zwingende Gründe haten uns davon abgehalten. Wir hatten geglaubt, nach dem Heimataufenthalt stünde der Weg uns vielleicht offen. Aber während unsere Blicke noch »auf ihn« gerichtet waren, kam der Hilferuf und schien die Angelegenheit zu entscheiden.

»Ich muß gehen«, sagte John, »und ich möchte dich gern mitnehmen. Ich möchte, daß du die schwierigen Verhältnisse dort oben selbst kennenlernst, ehe wir uns um den Missionsauftrag bewerben. Ein Besuch würde deine Konstitution auf die Probe stellen, und wir würden herausfinden, ob du das Lisuland verkraften kannst oder nicht.« So ließen wir Small Daughter – unsere kleine Tochter – in den fähigen Händen Faiths zurück; denn es war wohl das beste, sie nicht solch einer ungemütlichen Reise auszusetzen – und zogen beide los.

* * *

Es gibt einen Fluß, einen grünen, gurgelnden, todbringenden Fluß, der seinen Weg ungebändigt durch gewaltige Felsmassen schneidet, die die Menschen als »eine Gebirgskette« bezeichnen. Es scheint, als sei dieses »Ende der Welt« in den Tagen vor der Sintflut, als Gott die grünen Ebenen und Täler Chinas plante, zum Riesenmüllabladeplatz allen überschüssigen Felses und Schutts von den flachen Reisfeldern gemacht worden. Durch diesen chaotischen, kompakten Steinhaufen wollte der Salween entfliehen, indem er mit ohnmächtiger Wut gegen die Kraft des kühlen widerstehenden Granits tobte. Er hat eine viele hundert Kilometer lange gewundene Schlucht mit steilen, einsamen Wänden ausgewaschen, ausgenagt, die das unbedeutende Gurgeln des grünen Wassers um Hunderte von Metern überragen.

Auf diesen unzugänglichen, unwirtlichen Felsenabladeplatz wurden die verfolgten einheimischen Stämme getrieben, als die Machtgier der chinesischen Zivilisation sie bedrohte und auszulöschen suchte. Und an den höchsten Stellen der Großen Schlucht leben unsere lieben Lisu. Sie kratzen das unerbittliche Gesicht des kahlen Berges an, um genug Boden zusammenzubekommen, damit sie ihr Hauptnahrungsmittel Mais anbauen können.

John und ich setzten uns also nordwärts in Bewegung. Wir waren neun Tage unterwegs und machten gelegentlich in abgelegenen chinesischen Städten halt, die ein Zeugnis für Christus brauchten. Der große Augenblick kam, als wir eines Mittags ein Lisudorf erreichten und John, der bereits vor drei Jahren dort gewesen war, mich an den steil abfallenden Wegesrand rief und mir den Rest unseres Weges zeigte. Wir standen auf einem Bergvorsprung; zu unserer Linken befand sich das langgestreckte Flußtal mit seinen gewaltigen in den Himmel ragenden Berggipfeln. Wir standen am rechten Hang, wenn man schluchtaufwärts schaut, doch der »Hang« ist nichts weniger als eine Aufeinanderfolge riesenhafter Bergstufen mit klüftigen Seiten, über die das arme kleine Menschenwesen auf- und niedersteigen muß, um »schluchtaufwärts« voranzukommen. Unter uns fiel der Berg in eine dieser abgrundtiefen Schluchten ab; und unser Weg lag in mühseligen Windungen bis zum gegenüberliegenden Bergvorsprung vor uns.

»Star wohnt kurz hinter der Felsnase, wo der Pfad verschwindet!« sagte John, wobei er erwartungsvoll meinen Gesichtsausdruck betrachtete. Wie oft hatte er versucht, mir die gewaltige Größe der Berge zu beschreiben

– aber wer kann sie schon einem »Blinden« sichtbar machen?

Langsam sah ich mich um und hielt bei der stummen Pracht der wunderschönen Berggipfel und Felsspitzen mit ihren mächtigen Steilseiten den Atem an. Dann gab mir die Einsamkeit und Abgeschnittenheit dieses Müllabladeplatzes am Ende der Welt einen Stich ins Herz.

»Und eine Frau aus dem Westen wohnt in den Steinen ›hinter der Felsnase, wo der Pfad verschwindet‹!«

»Ja.« John lächelte noch immer freudestrahlend über meine Ehrfurcht. »Und du und ich, wir müssen noch den Berg hinuntersteigen – ein ziemlicher Höhenunterschied, wie du siehst – und den Pfad dort drüben wieder hoch, ehe wir heute bei ihr ankommen!«

Am späten Nachmittag brachten wir die Biegung hinter uns, die uns Stars Gesellschaft und Heim erreichen lassen sollte. »Dort drüben liegt das Dorf. Siehst du nicht die drei kleinen Hütten? Das ist ihr Haus«, sagte John. »Ich bin gespannt, ob sie daheim ist.« Eifrig suchten wir die winzigen Hütten mit den Augen nach einem Lebenszeichen ab.

»Ja. Sieh, Isobel! Jemand steht auf dem Dach und beobachtet uns!« Und tatsächlich stand ein Mann auf dem Dach einer niedrigen Hütte. Weil die Lisubehausungen an steile Berghänge gebaut werden, kann man die Dächer vom Erdboden aus direkt betreten; das macht sie oftmals zu beliebten Arbeitsplätzen.

Plötzlich sahen wir im Sonnenlicht zwischen zwei der Hütten einen roten Pullover aufleuchten. »Ja, sie ist da«, riefen wir voller Freude, »kein Lisu ist reich genug, sich einen Pullover leisten zu können.«

Dann überkam uns ein eigenartiges Gefühl. Wie begegnete man solch einem bekannten Menschen? Waren wir doch Fremde. Wie würde sie sein? Oft hatten wir von ihrer Hingabe für die Lisu gehört. Vielleicht hatte sie an anderen Menschen kaum ein Interesse? Würde sie sich majestätisch mit würdevoll beschäftigter Miene geben? . . . schließlich war sie eine Schriftstellerin.

John machte sich aus einem anderen Grund Sorgen. Eine alte hebräische Tradition überliefert Evas Schwatzhaftigkeit, aufgrund derer Adam sie seine »nimmer stumme Glocke« nannte. Bedauerlicherweise ist John manchmal geneigt, Verständnis für Adam zu zeigen.

»Also hör' zu, Isobel. Du weißt, wie du redest. Höre nur dies eine Mal auf mich und versuch', dich zu beherrschen. Denk daran, wer sie ist!«

Isobel stieß einen Seufzer wegen ihrer »starken Schwäche« aus, versprach, artig zu sein, und bemühte sich, das einer frisch ernannten »dienstälteren Missionarin« geziemende würdevolle Auftreten heraufzubeschwören.

Inzwischen leuchtete der rote Pullover mit Unterbrechungen in den Windungen des Pfades auf, und noch ehe wir ein weiteres Wort wechseln konnten, rief eine fröhliche mädchenhafte Stimme: »O wie gut es tut, wieder einmal weiße Gesichter zu sehen!« Ich wurde von einer lebhaften, liebevollen Umarmung überrascht. Die Herzlichkeit und Freudigkeit unseres Willkommens waren unmißverständlich, und die ungekünstelte Liebenswürdigkeit und das jugendliche Herz unserer Gastgeberin überraschten uns; hatten wir sie uns doch mittleren Alters vorgestellt. Bei so viel liebevoller Freundlichkeit war die Würde bald vergessen, glättete traurig ihr Gefieder und verschwand aus dem Blickfeld. Stattdessen stöhnte John bald innerlich, als meine Zunge sich gleich dem Schwanz eines Hündchens munter in Bewegung setzte.

Die Hütte, in der Star wohnte, war ein langgestreckter einstöckiger Raum, dessen Boden, Außen- und Zwischenwände aus Bambusmatten und dessen Dach aus Holzschindeln bestand. Der Raum war entschieden primitiv eingerichtet, doch sauber und aufgeräumt und sah in unseren Augen irgendwie heimelig und gut aus. Star hatte uns, wie sie sagte, bereits zwei Wochen früher erwartet. Da wir aufgehalten worden waren, weil wir keine Träger bekommen konnten und keine Möglichkeit hatten, sie zu benachrichtigen, hatte Star uns aufgegeben. »So viele sagen, daß sie uns besuchen wollen, aber keiner taucht jemals auf!« meinte sie vergnügt. »Eure Gesichter sind die ersten weißen, die ich seit fast einem Jahr sehe, ohne das meines Mannes natürlich. Aber den habe ich auch schon länger als einen Monat nicht mehr gesehen; und als er abreiste, sagte er, ich müsse damit rechnen, drei bis sechs Monate ohne ihn auszukommen!«

Damit rechnen, drei bis sechs Monate ohne seinen Ehemann auszukommen! Und alles als so selbstverständlich hinzunehmen! Sie befand sich nicht in einer amerikanischen Großstadt, wo liebevolle Freunde und Verwandte nicht fern sind, sondern in einer einsamen Bergwelt, jenseits »der Grenze der Kultur«, in der Gesellschaft einfacher, wenn auch hilfsbereiter, Lisu. Innerlich erhob ich mich und schoß Salut für sie.

All ihr Reden und Lachen schien Freude auszustrahlen, während sie uns geschäftig als köstlichen kleinen Nachmittagsimbiß frisches Gebäck und heißen Tee vorsetzte; unter anderem ist Star nämlich eine großartige Köchin.

Am Abend erschienen Jungen und Mädchen der Lisu, deren Zutrauen verriet, daß sie sich wohlfühlten und willkommen wußten. »Jeden Abend kommen sie, mir Gesellschaft zu leisten«, sagte Star lächelnd. »An einigen Abenden lernen wir Chinesisch; an anderen studieren wir ein neues Lisulied ein oder halten eine Lesestunde in

Lisu ab – es gibt immer was zu tun.« Sie hätte hinzufügen können: »Und immer verzichte ich auf meine Ruhe und bin für sie da«, denn wir erlebten, wie sie sich nach einem anstrengenden Tag, der mit Bibelübersetzung und etlichen Unterredungen mit den Diakonen über Gemeindeprobleme ausgefüllt war, abends mit den jungen Lisu hinsetzte. Obwohl die Müdigkeit ihr ins Gesicht geschrieben war, unterrichtete sie die Lisu mit einem fröhlichen Lächeln und unermüdlicher Ernsthaftigkeit bis tief in die Nacht hinein.

Wir hatten uns erst ungefähr einen Tag in Rock Dump aufgehalten, als des Morgens drei fremd aussehende Lisu durch die offene Tür eintraten. Ihre Tracht und ihr Aussehen waren anders; einer hatte entschieden indische Gesichtszüge. Wie gewöhnlich waren sie zu bescheiden, auf den Stühlen Platz zu nehmen. Also hockten sie sich einfach zu Stars Füßen auf den Boden, während sie sie befragte. Welch ein Bild bot diese Gruppe! Stars dunkle Augen blitzten vor Freude über den Bericht, den sie hörte, und die drei braungebrannten Männer in malerischer weißroter Tracht erzählten ihre Geschichte mit orientalischer Nachlässigkeit, wobei ihre melodiöse Aussprache das Ohr angenehm berührte. Durch die geöffnete Tür konnte man hinter ihnen mächtige schneebedeckte Berggipfel blendend weiß in der Morgensonne aufragen sehen.

Star stellte Fragen, hörte zu und streute von Zeit zu Zeit hastige Übersetzungen ein, um uns am Fortgang der Erzählung teilhaben zu lassen. Die Männer waren über die hohen schimmernden Berge aus Birma gekommen, denn diese Berge bilden die chinesisch-birmanische Grenze. Auf der anderen Seite bezeichnet man sie als »birmanische Bergmauer«. Die Lisu waren sieben oder acht Tage unterwegs gewesen und einzig und allein mit dem Vorsatz gekommen, Lehrer zu finden, die mit ihnen zurückkehrten und sie lehrten, wie man den Herrn Jesus anbetete. Was ihre Geschichte aufregend machte, war, daß elf Jahre vorher ein Dämon, der sich als »Gottes Tochter« bezeichnete, in eine Frau aus ihrem Dorf in Birma gefahren war und sie am ganzen Leib erzittern und eine seltsame Botschaft von sich geben ließ. »Gott hat einen Sohn namens Jesus«, sprach der Dämon, »er ist der Heiland. Eines Tages wird Gott die Welt verbrennen, doch wenn ihr auf Jesus vertraut, holt Gott euch in den Himmel, damit ihr nicht verbrennt. Wenn ihr an Jesus glaubt, müßt ihr jeden siebten Tag als Anbetungstag halten und dürft kein Opium rauchen und keinen Wein trinken.« (Soviel wir seitdem in Erfahrung gebracht haben, war diese Frau niemals mit dem Christentum in Berührung gekommen.) Die Dorfbewohner waren hierüber so erschrocken, daß elf Familien ihre Götzenaltäre niederrissen und seit der Zeit auf Jesus vertrauten.

Jahre vergingen. Eines Tages jedoch kehrte ein Lisu mit überraschenden Neuigkeiten aus der Salweenschlucht jenseits des gewaltigen Gebirgszuges zurück, wo er Handel treiben wollte. Er erzählte, daß die Lisu dort drüben ebenfalls einen »Jesus« anbeteten, doch hätten sie Bücher und Lehrer, um sie anzuleiten. Das löste bei der kleinen Schar der Gläubigen große Freude aus und sogleich wurde beschlossen, nach den Lehrern und Büchern zu schicken, um das Wesen ihres Gottes kennenzulernen. Zweimal unternahm man einen dahingehenden Versuch, aber beide Male gelang den Abgesandten die Überquerung des Großen Passes nicht. Schließlich zogen diese drei jungen Männer im März 1934 mit dem Entschluß los, ihr Ziel zu erreichen. Und obwohl sie sich »ihren Weg durch den Schnee auf dem Paß beißen«

mußten, gelang ihnen die Überquerung, und hier waren sie. »Wir haben keine Bücher und keine Lehrer. Bitte helft uns.« So hatten sie *elf Jahre lang* Jesus verehrt.

»Sie sagen, daß sie eigene Verpflegung dabeihaben und so lange bleiben wollen, bis sie einen Lehrer finden – ganz gleich, wie lange das dauert!« Und Star warf uns einen triumphierenden Blick zu, denn die Standhaftigkeit der Lisuherzen beeindruckt sie immer wieder. Doch schnell folgte dem Blick ein Anflug von Niedergeschlagenheit: »Niemand ist gerade frei.« Später begaben sich zwei Missionare dorthin, und jetzt existiert dort eine kleine Gemeinde.

Nachdem die Männer sich verabschiedet hatten, sprachen wir über unsere Arbeit, und bald hatten wir Star erzählt, wie Gott uns ins Herz gelegt hatte, für diese Region bei der Missionsgesellschaft vorzusprechen. »Mein Mann wird sich darüber freuen!« rief sie. »Wir wußten einfach nicht, wie wir es schaffen sollten, falls nicht bald jemand zu Hilfe käme!« Ach, könntet ihr doch gleich dableiben und müßtet nicht erst noch zurück!« Aber Verpflichtungen lassen sich nicht so leicht abschütteln; es dauert sehr lange, bis eine Antwort von der Zentrale die inneren Landesteile erreicht.

Nach wenigen Tagen in Rock Dump kam ein Brief von Pioneer, in dem es hieß, daß er dringend Stars Hilfe bei einer Kurzbibelschule brauchte, die er durchzuführen hoffte. Vergnügt lachend las sie uns ein Stück aus dem Brief vor: »Wenn unsere Gäste angekommen sind, kannst du sie dann nicht dort unten die Leitung übernehmen lassen und mir helfen kommen?«

»Stellt euch so was in der Heimat vor: ›Wenn deine Gäste angekommen sind, kannst du sie dann nicht allein lassen und zu mir kommen?‹« Darauf hielt sie inne und fragte heiter: »Also, was soll ich ihm antworten?« Schnell war entschieden, daß, da sowohl der Lisupastor als auch wir Chinesisch sprachen, wir mit ihm als Dolmetscher ohne große Probleme zurückgelassen werden konnten und es für sie das beste wäre, zu ihrem einsamen Ehemann zu reisen.

Aber noch ehe sie uns verließ, wurde mir eine Frage beantwortet, die ich schon lange auf dem Herzen hatte. Und zwar: Machen sich Menschen, die scheinbar schnell und leicht Opfer bringen, genauso viel Gedanken wie wir anderen, denen die Opfer so schwerfallen? Sind sie nicht einfach von Natur aus Asketen, daß sie ihre Herzen, wie wir die unseren, nicht an die Dinge der Welt hängen? Ich hatte Star als Schriftstellerin kennengelernt, hatte sie jetzt als Missionarin getroffen, aber war gespannt darauf, sie als Mutter zu erleben.

An der Hüttenwand hingen einige Fotografien, darunter eine von Star und Pioneer mit ihren beiden Söhnen. Die Bilder waren im vergangenen Jahr beim Besuch der Eltern unserer Missionsschule in Chefoo aufgenommen worden. Ich wußte, daß ihr älterer Sohn sie davor vier Jahre lang nicht gesehen hatte. Das Alter von sechs bis zehn ist eine lange Zeit für eine Mutter – wie konnte Star das nur ertragen? Mir hatte es einen furchtbaren Schmerz verursacht, meine kleine Tochter zurückzulassen und diese Reise zu unternehmen. Und diese Trennung sollte sich nur über einen oder zwei Monate erstrecken. War Stars Liebe zu den Lisu größer als ihre Mutterliebe und half ihr über die Sorge hinweg? Oder hatte sie einen Kummer, den sie niemand sehen ließ, etwas unter der leuchtenden Heiterkeit Verborgenes, eine Sehnsucht, die nach dem verlangte, was ihr um des Dienstes für Gott willen versagt blieb?

»Hast du keine Narbe?
Keine versteckte Narbe in Fuß, Seite oder Hand?«

Man soll seine Nase nicht in die unverletzliche Privatsphäre anderer Menschen stecken, doch tut es uns manchmal gut, die Wahrheit zu erfahren, damit wir nicht vor unserem Kreuz davonlaufen. Wir könnten nämlich behaupten, es käme uns teurer zu stehen als anderen, wir seien gebrechlicher und empfindlicher und man müsse daher bei uns besondere Rücksicht walten lassen. Wenn wir so in die Grube des Selbstmitleides stürzen, können wir leicht den Plan zunichtemachen, den Gott mit uns hat.

Es war nicht schwierig, Star dazu zu bringen, von ihren Söhnen zu erzählen. Sie berichtete gerne aus der Zeit, als ihre Söhne noch bei ihnen im Lisuland lebten. Einmal sagte sie leise, daß sie bei ihrer Rückkehr ohne ihre Söhne nach Rock Dump zunächst nicht gewußt hätte, wie sie das aushalten sollte. Eilig ging sie zu einer anderen Angelegenheit über, und wir wagten nicht, sie zu bitten, noch mehr von ihren Söhnen zu erzählen. Doch entnahmen wir ihren Worten irgendwie die Tatsache eines stillen Trostes, der sich sanft angeboten hatte, die leeren schmerzenden Stellen auszufüllen. Das kann niemand tun als ER allein.

Später bei Tisch kamen wir noch einmal auf die Kinder von Chefoo und deren erzwungene Trennung von ihren Eltern zu sprechen.

»Die meisten Kinder«, sagte Star, »bekommen ihre Eltern wenigstens alle zwei Jahre zu Gesicht. Als wir dort ankamen, wußten wir noch nicht, daß unser David von allen . . .« Hier versagte ihre Stimme plötzlich, aber mit tränenfeuchten Augen brachte sie den Satz bebend zu Ende: ». . . am längsten ohne uns auskommen mußte.« Darauf erhob sie sich hastig und drehte sich um.

». . . kann der weit gefolgt sein,
der keine Wunden, keine Narbe hat?«

Heilige, erfurchtsvolle Stille herrschte in der kleinen Hütte, als das Mutterherz seine Tränen dem darbrachte, der uns in unserer Schwachheit gänzlich versteht.

»Niemals vergeudet Gott die Schmerzen seiner Kinder«, hat einmal jemand gesagt, der den Schmerz kannte. Doch hat Gott ein Idealbild von jedem einzelnen, dem wir gerecht werden sollen, eine so herrliche Vollkommenheit, die leicht ein paar teure Jahre, einige »versteckte Narben« wert ist.

»Warum soll ich an den Pflug meines Herrn treten, der meine Seele so arg zerfurcht?« rief der beherzte Rutherford in Tagen längst vergangenen Leidens aus. »Ich weiß, er ist kein untätiger Landmann; er hat sich eine Ernte zum Ziel gesetzt.«

Und weil nicht einmal Gott uns gleichzeitig eine »Ernte« schenken und eine unfurchige Seele verleihen kann, trocknete Star ihre Tränen und stand unter der Last des Kreuzes still wieder auf. Diese »Ernte« war nicht für sie selbst bestimmt, nicht dafür, daß sie damit prahlen konnte. O nein, das wäre keinen Kratzer, geschweige denn eine »Furche« wert, sollte das alles sein. Sie war *für IHN* bestimmt, daß ER »von der Mühsal seiner Seele . . . Frucht sehe und sich sättige«. Und sie war *für sie* bestimmt, damit »sie leben haben und es in Fülle haben«. Ob Star daraus etwas für sich würde ziehen können oder nicht, war zweitrangig; denn stets hatte sie die Erfahrung gemacht, daß dies alles in den vollkommenen sicheren Händen Gottes lag.

Allzu bald dämmerte der Morgen, an dem Star uns verlassen mußte, um nach Norden zu ihrem Mann zu reisen. Während sie sich auf den Weg machte – sie ritt ein weißes Maultier und wurde von ihren treuen Lisuträgern begleitet –, sagte John sich mir zuwendend: »Isobel, wenn du glaubst, daß du schon einiges an Reisen hinter dich gebracht hast, dann nimm einmal einen Weg wie den in Angriff, der jetzt vor Star liegt! Ich habe diese Strecke auf der Reise vor drei Jahren erlebt, und glaube mir, mehr als einmal hatte ich haarsträubende Erlebnisse! An manchen Stellen verwandelt sich der Pfad in eine schmale Leiste hoch über dem Abgrund, und dann kannst du dich nur an deinem Muli festklammern, die Augen schließen und beten! Und sie hat nur die Lisu bei sich – nun, wenn jemand Mut hat, dann sie!«

* * *

Monate später erhielten wir die Nachricht von der Zentrale, daß es uns gestattet sei, in die Rock-Dump-Schlucht zu ziehen; im Gebet war das Anliegen vor Gott gebracht worden, und man hatte nach einigen Erwägungen so entschieden. Doch wurde Pioneer die Entscheidung vorbehalten, ob die Familie sich im südlichen oder im nördlichen Teil niederlassen sollte. Dafür brauchte er nicht lange. Der »Süden« war von jemandem entdeckt und erschlossen worden, den wir nur als Trail-Blazer bezeichnen können, denn er und seine beherzte Ehefrau gründeten hier die erste Mission und blieben, bis der Gesundheitszustand der Frau sie zur Abreise drängte. Ihre erzwungene Aufgabe diente als Herausforderung für Pioneer und Star, die freiwillig ihr altes geliebtes Lisugebiet verließen (dorthin wurde später Jenny gesandt), um hier einer Notsituation abzuhelfen. Dieser »Ausnahmezustand« erwies sich als langfristige Berufung, und, wie ich bereits geschildert habe, eilte Pioneer durch die enge keilförmige Öffnung nach »Norden«, wo er dann bleiben wollte.

»Geh du in den Süden«, schrieb er John. »Der Süden

ist zum Teil schon angesprochen. Dorthin kann man viel leichter Nahrungsmittel und Vorräte bringen als nach hier oben. Hier findet zehn Monate im Jahr kein Markt statt, und wir müssen uns selbst versorgen. Komm, sobald du kannst. Aus Angst, der chinesische Grundherr könnte meinen, er hätte mich vertrieben, wage ich nicht, diesen Ort zu verlassen. Wenn das nicht wäre, würde ich hinunter kommen und euch bei der Unterbringung helfen.«

Später ist er deswegen tatsächlich einmal herunter gekommen und wartete Tag für Tag, während Star allein im Norden blieb; und Tag für Tag trafen wir nicht ein. Ohne Telegraph, Post höchstens alle zehn Tage – wie konnten wir ihm da mitteilen, daß John krank war und wir uns um ärztliche Hilfe kümmern mußten? Doch das gehört zur nächsten Geschichte.

Schließlich brachte Gott uns an den gewünschten Ort, und dieser Bericht wird in Stars alter Hütte geschrieben. Star selbst befindet sich hoch in der gewundenen Felsenschlucht auf der anderen Seite des Flusses. Um dorthin zu gelangen, mußte sie eine »Seilbrücke« überqueren, die lediglich aus zu einem Seil gedrehten Bambusfasern besteht und über den Fluß, quer über die Schlucht, geworfen wird. Zwecks Überquerung wird man von den Lisu auf einen Schlitten aus Bambus gebunden, der über das Seil gleitet. Nach dem Anbinden schießt man kopfüber bis zur Seilmitte hinunter und muß dort warten, die hungriggrünen Wasser unter sich, bis ein Lisu von der anderen Seite herabgleitet, einen Strick befestigt und den Schlitten ans andere Ufer hochzieht.

Von Zeit zu Zeit wird das Seil mürbe, und wer daran hängt, wenn es reißt, ist zum Tode verurteilt. Die straffen, von der Sonne ausgedörrten Windungen lösen sich mit hoher Geschwindigkeit und wickeln sich um ihr

Opfer. Dann wird man in diesem Krakengriff nach unten gewirbelt und so lange unter das grüne Wasser gedrückt, bis die Seele ihre irdische Wohnung verlassen hat – vielleicht auch länger. Wenn Sie das wissen, verstehen Sie auch den Brief, den ich vor wenigen Wochen von Star erhielt. Sie schreibt:

»Ich muß sagen, daß ich mich ein kleines bißchen so fühle, als sei ich von der Landkarte gesprungen. Denn der einzige Weg fort von diesem Ort führt an einem Seil baumelnd über den Fluß. Aber ich habe alles, was ich zum Leben brauche, darüberhinaus viele Diener und eine Menge Freunde. Also denke ich, daß es keine Rolle spielt, ob ich auf der Landkarte bin oder nicht!«

Doctor – der unnütze Knecht

Die Genehmigung, ins Lisuland zu ziehen, die Koffer gepackt – und John krank! Hatte Satan seine Finger im Spiel? Oder wollte Gott unsere Bereitwilligkeit prüfen, um uns vielleicht doch zunächst in Heimaturlaub zu schicken? Vor langer Zeit hatte Bachelor einmal gesagt: »Gott führt uns niemals in eine Sackgasse.« Wie oft waren diese Worte uns in Zeiten der Unkenntnis und Unentschlossenheit zur Stütze geworden! O erschiene der Herr doch bisweilen und riefe mit unmißverständlicher Stimme »Nach rechts!« – oder »nach links«, wenn er das wollte –, damit man nur Bescheid wüßte. Aber vielleicht würden wir dann schwerhörig, weil wir uns zu sehr auf die Lautstärke seines Rufes verließen. ER zieht es vor, es beim Wer-da-Ruf zu belassen, damit wir mit Nerv und Sinn für den leisesten Flüsterton seinerseits empfänglich bleiben. Mit anderen Worten, er möchte uns zu »Minute-men« machen, wie in der amerikanischen Armee, die jederzeit dienstbereit sind.

Im Sommer waren vier Leute zu unserer Verstärkung in den Westen gekommen; einer von ihnen, ein junger Arzt, war eine großartige Gebetserhörung.

Den Sommer über hatten sich bei John ernste Symptome gezeigt, und trotz verschiedener Medikamente hatte sich keine Besserung eingestellt. Weil wir wußten, daß beide Familien in Old Centre, wo Doctor ebenfalls wohnte, damals den Nachwuchs erwarteten, der jetzt ihr Heim belebt, wollten wir der Last der Haushaltsführung nicht auch noch Johns Anwesenheit aufbürden. Doch schließlich wurde die Sache so ernst, daß er sich auf den Weg machen mußte. Eine Woche später wurde ich durch ein Telegramm ebenfalls nach Old Centre berufen, da die Krankheit Johns sich zu Ruhr entwickelt hatte; außerdem hielt Doctor eine Operation für unerläßlich.

Um dieselbe Zeit erreichte uns ein Brief von Pioneer, der Star über die Arbeit im Norden wachen lassen wollte, damit er uns bei der Unterbringung helfen konnte. »Er muß jetzt dort sein«, seufzte ich, »und erwartet jeden Augenblick, uns um die Ecke kommen zu sehen. Und ich kann ihm vielleicht noch einen ganzen Monat lang weder ein Telegramm noch eine Botschaft zukommen lassen. Alles ist für die Reise im Nordwesten gepackt, und *wir* müssen in den Osten. Warum nur?« Aber der, der im Himmel wohnt, lachte still in sich hinein; er weiß besser, was seine Kinder brauchen als sie selbst. »Gott begnügt sich mit Warten, weil er regiert; der Mensch muß sich mit Warten begnügen, weil er glaubt.« ER hatte uns eine seiner »guten Gaben« bereitet. Doch wenn Gott uns von der Hauptstraße in unerwartete fremde Seitengassen lenkt, scheint es im Wesen des Menschen zu liegen, immer mit dem schlimmsten zu rechnen.

Das erinnert mich an die Zeit, als wir noch in Old Centre lebten und viele unserer Mitarbeiter bei uns waren. Wir entdeckten, daß unser geliebter Hund, ein kräftiger treuer Halbtibetaner, krank war. Jemand erklärte, nur Rizinusöl könne ihn retten. Wir sprachen in seiner Gegenwart darüber, und als das schreckliche Wort fiel, stand er auf und stahl sich davon. Augenblicklich wurde Jagd auf ihn gemacht. Nach einer ziemlichen Balgerei fing einer der Jungen ihn und führte ihn zu der verhängnisvollen Flasche. Ich sehe die beiden noch vor mir: den großen Mann, der den Hund im Genick packte und ihn hinter sich her schleifte, und den Hund, der alle vier Beine in steifer Rebellion dagegen stemmte, den Schwanz eingekniffen. Ich bemitleidete den armen Kerl;

so wie er nähere ich mich selbst der Rizinusölflasche, aber es ging um sein Leben.

Starke Männerarme hielten seine Gliedmaßen, und ein Missionar hielt seine Schnauze auseinander, während einer von uns ihm das Öl einflößte. Der erste Tropfen, der seine Kehle erreichte, löste jegliche Spannung. Und als der Löffel leer war, streckte der Hund seine gierige Zunge so weit wie möglich heraus und leckte den Löffel dankbar von beiden Seiten ab! Es erübrigt sich zu sagen, daß wir vor Lachen fast umfielen. Der freigelassene Hund lief schwanzwedelnd von einem zum andern und bettelte um mehr köstlichen Nektar. Er hatte Bestrafung erwartet und war stattdessen festlich bewirtet worden!

Ist das bei uns nicht ebenso? Plötzlich packt Gott uns im Genick und dreht uns um hundertachtzig Grad, und wir erwarteten augenblicklich eine Strafe. So werden wir mit steifen Beinen unbarmherzig zu dem geschleift, was er uns bereitet hat – und es entpuppt sich als ein Fest!

John und ich waren erschöpfter als uns bewußt war, sowohl geistig als auch körperlich. Geistlich waren wir verzweifelt entschlossen, weiterzumachen, selbst wenn das einen Sturz auf unserem Weg bedeutete. Dieser abgearbeiteten Ermüdung setzte Gott eine frische neue Begeisterung entgegen, die uns wie eine kühle Brise umfing. Am besten läßt sich die Wirkung, die das auf uns ausübte, mit einem Reiseerlebnis in Lisuland veranschaulichen.

Die Pfade jenes Berglandes verlaufen nicht eben, sondern steigen oder fallen ab. Mancherorts kann man von einem Dorf der Schlucht den zum Gottesdienst rufenden Gong eines Dorfes auf der anderen Seite hören; doch benötigt man nahezu zwei Tage, um von dem einen Dorf zum anderen zu gelangen! Stapft man mühsam den steilen Kieselpfad hinan, die Sonne den Rücken versengend, fühlt man sich, als bestehe man innen und außen aus trockenem Staub. Müde und erhitzt, mit ausgedörrter Kehle und Zunge, gelangt man an eine Erhebung mit einer Kiefer am Wegesrand oder einem Felsvorsprung und steht dort als Zielscheibe für den belebenden Bergwind. Stets nimmt er die Herausforderung an und braust so lange gegen die erschöpfte Staubigkeit an, bis man sich wie von kühler Frische durchdrungen fühlt. Man trinkt den Wind Atemzug um Atemzug in sich hinein und ist dankbar für seinen prickelnden Peitschenhieb, die wohltuende Wirkung. Dann geht es auf dem heißen ansteigenden Kieselpfad weiter, aber man fühlt sich innen und außen erneuert.

Von der anregenden Wirkung der frischen, lebendigen Hingabe Doctors wollte John erzählen, als ich schließlich in Old Centre am Bettrand meines geliebten Ehemannes eintraf. Er war zwar noch bettlägerig, doch war die schmale Blässe bereits aus seinem Gesicht gewichen, und schnell teilte er mir mit, daß er die Ruhr schon überstanden hätte. »Ich sammle jetzt Kraft für die Operation«, fügte er zuversichtlich hinzu.

»Du brauchst dir über den Aufschub keine Sorgen zu machen, Schatz«, sagte John tröstend, als die Abenddämmerung das kleine Zimmer füllte. »Sie kommt von Gott; da bin ich mir absolut sicher, Isobel. Ich kann dir gar nicht sagen, was für ein großer Segen Doctor für mich gewesen ist. Und ich fühle, daß Gott uns geistlich etwas Neues schenken wird.«

* * *

»Es gibt nichts Begeisternderes, als die Seele eines Mannes oder einer Frau über das Bekannte hinaus in unwegsame Gefilde folgen zu sehen, aus Liebe zu IHM, reiner Liebe zu IHM.« – A. Carmichael.

Das Herz des ewigen Gottes schlägt ständig der Menschheit entgegen und sucht wahre Anbeter, wie Jesus es ausgedrückt hat. S. D. Gordon kleidet es in folgende Worte: »Gott . . . hat ein verlangendes Herz. Ihn verlangt nach uns, nach dir und nach mir . . . Ihn verlangt danach, daß wir wirklich freundschaftlich mit ihm umgehen. Gemeinhin wird das als Gemeinschaft bezeichnet . . . Das innere Verlangen des Geistes, die innere Sehnsucht, das eifrig sehnsuchtsvolle Sich-Ausstrecken, ist ein Echo, lediglich ein Echo. Das Echo ist stets leiser als der Ausgangslaut. Es ist das Echo des Verlangens, der Sehnsucht, das Gott nach uns im Herzen trägt, nach jedem einzelnen von uns.«

Bei der Gestaltung jeder Menschenseele trägt der sehnsuchtsvolle Schöpfer Sorge, sich einen Platz, einen Raum, darin zu bereiten, den nur er ausfüllen kann und der leer und unausgefüllt bleiben muß, bis man Gott einlädt, ihn in Besitz zu nehmen. Bei jedem von uns findet sich ein solcher Ort, doch scheint es, als bringe das verlangende Herz Gottes in jeder Generation einige Menschen hervor, bei denen der »Raum« tiefer, weiter ist und Gott beharrlicher einlädt. Diese Menschen haben sich schon immer als Glückliche, als Gott-Liebende bezeichnet. Sie zeichnen sich durch die Tatsache aus, daß er in Wahrheit die verzehrende Leidenschaft ihres Lebens ist.

Von Habakuk heißt es: »Von allen Propheten ging es nur ihm vor allem um die Bekräftigung der Heiligkeit Jahwes und erst in zweiter Linie um das straffreie Ausgehen Israels. Unmittelbar vor der Babylonischen Gefangenschaft legte Gott durch Habakuk Zeugnis über sich selbst ab.«

Neben dieses Wort läßt sich gut ein Text des katalonischen Mystikers, Enzyklopädisten und Dichters Raimundus Lullus aus dem 13. Jahrhundert stellen: »Törichter Freund, warum ermüdest du deinen Leib, vergeudest deine Gesundheit, verschmähst die Freuden dieser Welt und wandelst als ein Ausgestoßener deines Volkes?« »Um meines Geliebten Namen zu ehren«, war die Antwort, »denn mehr Menschen hassen und entehren ihn als ihn ehren und lieben.«

Schon in sehr jungen Jahren können Menschen diesen leeren Raum entdecken. Amy Carmichael schreibt: »Das erste, an das ich mich aus meiner Kindheit erinnern kann, ist folgendes: Nachdem die Lampe im Kinderzimmer heruntergedreht worden war und ich mich allein dort befand, glättete ich immer eine kleine Stelle auf dem Bett und sprach laut zu unserem Vater: ›Bitte, komm und setz' dich neben mich.‹«

Vor sechs Jahren gab es in England ein junges Herz von ähnlicher Beschaffenheit. Dieser junge Mann ist 1,80 m groß, blond, hat breite Schultern und tiefliegende meerblaue Augen. Irgend etwas in seiner Erscheinung läßt an die »Nordmänner« denken, die höchstwahrscheinlich zu seinen Vorfahren zu zählen sind. Ein Hauch von Wiking umwehte ebenfalls sein wagemutiges, unternehmendes Wesen und die seine Adern heftig durchpulsende Wanderlust. Doch tief im Innern, vor fremden Blicken verborgen, gab es bei ihm stets den verlangenden »Raum«, den Gott sich selbst vorbehalten hatte und dessen Leere sich nach Ausfüllung sehnte. Mit den Attributen »ernst« und »intensiv« belegt die Welt einen solchen Menschen, wenn sie ihm begegnet.

Von Anfang an wurde Doctor sorgfältig zu Gottesferne erzogen. Seine Mutter ist eine hochgeistige Frau, die die Anlagen ihrer Kinder sehr ernst nahm, aber leider durch und durch »modern«. Das Wort in Anführungszeichen wird denjenigen unter uns, die die ganze Palette des Modernismus kennengelernt haben, ohne weitere Erklärungen verraten, wie der Junge den Gott, nach dem er hungerte, immer *nur um Haaresbreite verfehlte.* Man sagte ihm, die Bibel sei ein Buch, über das viele Menschen in Schwärmerei verfielen. Man lehrte ihn, daß der Christus von Golgatha lediglich ein großartiger Visionär gewesen war, dessen tragischer Tod allem ein Ende bereitete. Er wurde über die Religionen anderer Völker in Kenntnis gesetzt, damit er sich aus den höchsten geistigen Leistungen der Menschheit »die besten religiösen Meinungen aussuchen« konnte. Aus demselben Grund ließ seine liebe Mutter ihn pflichtbewußt über Philosophie, Theosophie, Hinduismus, Spiritismus und andere den Geist ansprechende Kulte lesen. Aber keiner konnte den sehnsüchtigen »Raum« in ihm ausfüllen oder dem Bedürfnis danach abhelfen.

Christus habe seine Aufmerksamkeit, so erzählte uns Doctor, auch als geschichtliche Person mit schmerzhafter Lieblichkeit gefangengenommen. Jeder Gedanke an ihn sei einer Werbung gleichgekommen, einer großen Faszination, so daß er als Junge gern seine Gedanken bei ihm habe verweilen lassen.

Dann kam eine Zeit, in der der »Raum« nicht mehr ignoriert wurde und Doctor in seiner Unkenntnis und Sehnsucht morgens und abends »Stille Zeit« hielt; dabei konzentrierte sich seine Seele und stürzte sich wie ein Wiking in das Abenteuer – die Suche nach Gott. »Es kam soweit«, sagte er, »daß ich ohne meine Stille Zeit abends und morgens nicht mehr zufrieden war.«

Er war 21 Jahre alt und studierte Medizin an der

Universität von London; dort begegnete er einem Kommilitonen, dessen Eltern, Missionare der Heilsarmee, in Indien arbeiteten. Als die Sommerferien kamen, lud dieser Freund unseren Wiking dazu ein, die Ferien mit ihm in seiner norwegischen Heimat zu verleben, denn seine Eltern waren aus Indien zurückgekehrt. Es handelte sich um eine höchst verlockende Einladung. Wikings Eltern hatten zwar für diese Ferien eine Bildungsreise zum europäischen Festland für ihn vorgesehen, doch bat er sie inständig, das Geld stattdessen für eine Reise nach Norwegen verwenden zu dürfen.

»Alles, was der Vater gibt, wird zu mir kommen«, sprach Christus, und die Zeit des »Kommens« hatte sich erfüllt, zu der der Erlöser den Abstand überbrücken und das Seine zu sich nehmen wollte. Keine Macht der Welt hätte die Begegnung in Norwegen verhindern können. Also darf nicht wundernehmen, daß die lieben Eltern dem Wunsch ihres Sohnes nachgaben. Dort in dem nördlichen Küstenland wurde der »Raum« schließlich ausgefüllt.

Auf der Rückfahrt versuchte er als noch Unmündiger in Christo, einen der Schiffsoffiziere zu seinem neugefundenen, unvergleichlichen Meister zu führen. Er machte sich nicht einmal Gedanken über die Frage: »Was soll ich für ihn tun, wenn ich mich ihm übergebe?« Stattdessen erfüllte ihn das freudige »All dies für mich? All dies für mich?« und ein unstillbarer Drang, seine Erfahrung mit anderen zu teilen.

An seinem medizinischen Fachbereich gab es eine Gruppe aufrichtiger, strenggläubiger Studenten, die sich regelmäßig zum Gebet versammelte; sie hatten Gott gebeten, einen ihrer Mitstudenten zu erretten. Und Gott hatte ihre Gebete erhört. Was wäre geschehen, wenn sie um zwanzig oder noch mehr Menschen gebetet hätten?

Doch sie hatten nur um einen gebetet, und der war ihnen von Gott geschenkt worden. Eine Zeitlang schien es so, als sei selbst dieser eine einer zu viel! Denn anstatt sich, wie man von einem Jungbekehrten erwarten sollte, zu ihren Füßen niederzulassen, um zu lernen, wie man gemessenen Schrittes und anständigen Gesichtsausdrukkes auf dem christlichen Pfad wandelt, schenkte dieser Unmündige in Christo ihnen nur einen flüchtigen Blick und begann dann auf eigene Faust mit den unerhörtesten Dingen! Er fing an mit seinen Patienten zu beten und mit ihnen über ihr Seelenheil zu sprechen! Einige von den Patienten wurden errettet. Die traditionelle Rechtgläubigkeit war verärgert und ein klein wenig beleidigt, aber der junge Arzt ließ sich davon nicht beirren.

Als er schließlich zu operieren begann, versuchte er nach Möglichkeit im Vorraum mit dem Patienten zu beten, ehe dieser in den Operationssaal geschoben wurde. Und eines Tages hörte er, als er mit dem Beten fertig war, deutlich ein »Amen« hinter sich! Er wandte sich um und entdeckte eine Krankenschwester, die sich auf Anfragen als Christin herausstellte. Das brachte ihn dazu, sich unter den Krankenschwestern der Klinik nach weiteren Christinnen umzuhören. Nachdem er noch einige ausfindig gemacht hatte, gründete er mit ihnen einen Gebetskreis, der seinen letzten Informationen nach noch existierte.

Später wurde er nach China berufen, um als Missionar die Botschaft von Kreuz, Tod und Auferstehung seines Herrn zu verkündigen. Eine China Inland Missionarin verletzte sich bei einer Sommerkonferenz am Finger, und durch diesen unbedeutenden Zwischenfall erging der »Ruf«.

»In dem gottgewirkten, wohlüberlegten Zusammentreffen von Ereignissen, an sich alltäglich und natürlich, ist das Geheimnis der himmlischen Fügung verborgen, die der, der sie erlebt, für ein Wunder halten kann und sollte«, schreibt Dr. Edersheim.

Das chinesische Territorium, das an Lisuland grenzt und das ich als »unseren Westen« bezeichnet habe, liegt etwa zwei Wochenreisen vom nächsten Krankenhaus oder der nächsten ärztlichen Hilfe entfernt. In der ganzen Provinz gab es nicht einen ausländischen Zahnarzt. Eine Krankheit brach über uns herein, und wir verloren zwei junge Missionare, deren unbesetzte Stellen uns entgegenklafften. Weit auseinander wohnende Freunde in der Heimat schrieben uns, daß sie darum beteten, uns möge ein Arzt gesandt werden. Wir lasen ihre Briefe mit müdem Unglauben – sie konnten die Schwierigkeiten gar nicht begreifen. Zum einen bewerben sich so wenig Ärzte bei der CIM, daß unsere Krankenhäuser in den anderen Provinzen nie ausreichend besetzt sind und schon gar keinen Arzt erübrigen können. Außerdem müßte der Arzt ohne Krankenhausausstattung auskommen, und welcher Arzt will schon mit »Notbehelfen« und selbstgebauten Instrumenten arbeiten? Zum anderen – hierbei handelte es sich um kein Hindernis, sondern um einen Sonderwunsch – brauchten wir ebenfalls unbedingt einen Zahnarzt, denn schlechte Zähne sind die Ursache schlechter Gesundheit.

Ein Freund, der Gott offensichtlich aus dieser schwierigen Lage befreien wollte, schrieb, er betete dafür, daß der Allmächtige den Arzt eine Zahnärztin heiraten lassen sollte! Als wir unserem Wiking davon erzählten, lachte er nur. »Das beschränkt mich höchstens, glaubt ihr nicht auch?« meinte er frech. Doch unser himmlischer Vater hatte in einem Mann einen Arzt-Chirurg-Zahnarzt geschenkt. Dadurch wurde dem Glauben der Freunde, die »die Schwierigkeiten gar nicht begreifen« konnten, überreich Rechnung getragen.

Aber ich habe noch nicht alles erzählt, was John mir gleich am ersten Nachmittag in Old Centre mitteilte. Er war von seinem neuen Freund begeistert.

»Doctor ist wie Bud ein Mann des Gebets, Schatz. Er betet mit jedem Patienten, den er behandelt, und ehe er ihn entläßt, unterhält er sich mit ihm über sein Seelenheil. Sogar mit mir! Jeden Morgen und jeden Abend kommt er zum gemeinsamen Gebet zu mir, und wir werden reich gesegnet!« Johns Gesicht glühte.

»Er erinnert mich auch in anderer Hinsicht an Bud. Doctor sitzt nicht im Wohnzimmer herum, um mit den anderen zu schwatzen und sich zu amüsieren. Wenn wir anderen am Abend gesellig beisammen sind, geht er in den Garten oder auf die Stadtmauer, um zu beten. Das ist der Preis, den er zahlt, Schatz. Oh, solange ich hier bin, will ich so viel wie möglich von ihm lernen.« Johns blasses Gesicht straffte sich vor Entschlossenheit. Überdies begannen von dem Augenblick an die Dinge ihren Lauf zu nehmen, und ein Strom von Seelen wurde auf uns losgelassen.

Für den Zeitraum von sechs Wochen wurden wir in die lebhafteste Evangelisation gestürzt, die das Herz begehren konnte. Doctor legte seine Studiengewohnheiten zur Seite und erbot sich, jeden Tag eine Stunde lang Patienten zu empfangen, weil er die Anwesenheit dienstälterer, sprachkundigerer Missionare ausnutzen wollte.

Jene »eine Stunde« wurde bei uns zu einer lustigen Redensart. Die Chinesen stehen Zeitplänen glückselig gleichgültig gegenüber, und sobald sich Gelegenheit zu sachkundiger ärztlicher Behandlung bietet, werden sie augenblicklich von Taubheit geschlagen und können einfach nicht hören, wenn man ihnen sagt, daß das

Wartezimmer bereits überfüllt ist und Doctor heute keine weiteren Kranken annehmen kann!

Es gab dort zwei Gruppen von Menschen, bei denen Doctor es nie übers Herz brachte, ihnen die Tür zu weisen: die Gymnasiasten und die Soldaten. Genau zu dieser Zeit biwakierten Tausende von Soldaten etwa zwei Kilometer vor dem Nordtor der Stadt. Wie lange sie sich dort aufhalten würden, war natürlich nicht abzusehen, und Doctor, der bei seinen täglichen Krankenbesuchen oft an ihrem Lager vorbeikam, ersehnte sich einen Zugang zu ihnen. Dafür beteten er und John während ihrer morgendlichen und abendlichen Gebetszeiten.

Es war ein Glückstag für mich, als ich zum erstenmal zu diesem Gebetstreffen eingeladen wurde. Wir knieten um Johns Bett, und Doctor öffnete sein Herz mit einem Gebet, das uns sogleich in die Gegenwart des Heilands versetzte und so persönlich war, daß man sich gleichsam als Lauscher vorkam. Er betete für Seelen, für die Erweckung der Ortsgemeinde, doch in erster Linie dafür, daß er mit Leib, Seele und Geist, Christus gehören wollte. »Ich verzichte auf mich, Herr«, rief er, »ich nehme mein Kreuz auf und folge dir. Ich will arm, einsam, verachtet sein und leiden wie du.« Dieses Gebet ließ einen nach Luft schnappen. Man dachte an die glänzenden Gaben des jungen Beters, seine Klugheit, gute Ausbildung, das reizende höfliche Benehmen, das augenblicklich fesselt, den ausgefallenen Witz, der ihn gesellschaftlich beliebt macht. Sollte das alles nichts wert sein? Warum wollte ein solcher Mensch einsam, verachtet und leidend sein?

Monate später wurde mir diese Frage beantwortet, als ich in Lisuland auf einem schmalen herrlichen Bergrükken stand und eine schlanke prächtige Kiefer betrachtete, deren edles Herz zur Hälfte von Lisumessern herausgehackt worden war. Aus der klaffenden Wunde rann der Saft tränengleich langsam zu Boden. Das gab mir einen Stich ins Herz, und mir fuhren die aufgebrachten Worte heraus: »O es ist eine Schande!« Doch der große schöne Baum, der sein furchtloses Haupt emporreckte und die Luft mit Wohlgeruch erfüllte, schien meine Unwissenheit zu bedauern. Er fing gleichsam zu sprechen an und erzählte mir folgendes Gleichnis:

»Bemitleidest du wirklich mein Herz und meinen zerhackten Stamm, liebe Freundin? Dreh' dich um und sieh dir den Pfad hinter dir an. Achte darauf, wie er sich am steilen Abhang entlangzieht. Schau dorthin wo er auf den vorspringenden grauen Felsblock trifft, der einfachem Hauen nicht nachgibt. Der Pfad wird zu einem bloßen Faden, der sich um den Felsvorsprung windet. Du weißt selbst, wie du den Atem anhältst, wenn du zur Mittagszeit daran vorbeigehen mußt. Aber was würdest du tun, wenn du in dunkler Nacht ohne Licht dort gehen müßtest. Die Lisu können sich keine Lampen leisten, wie du weißt. Sie können ihren Pfad lediglich mit Kienspänen erleuchten. Überlege wohl: wenn einer deiner geliebten Lisu zur Zeit der Dunkelheit diesen gefährlichen Weg beschritt, wie sollte er heil an dieser Stelle vorbeikommen . . . *ohne mein Herz?«* Und da begriff ich.

Auf dieser Welt gibt es strauchelnde Füße, die über die dunklen, gefährlichen Pfade der Sünde ihren Weg ertasten, und nur das brennende Herzopfer anderer, die den Weg kennen, kann ihnen heimleuchten. Wenn junge Herzen sich nicht hingeben, um für Gott auszubrennen, gehen jene strauchelnden finsteren Menschen für immer zugrunde. Es waren noch nicht viele Tage vergangen, da standen der Beter dieses Gebets und eine Person, die es gehört hatte, am Totenbett eines jungen Menschen, der auf dem gefährlichen Weg den Halt verloren hatte, weil keine Lampe ihn erleuchtete . . . das Licht der Welt hatte die junge Frau nicht früh genug erreicht. Wird der Schmerz, den der Anblick verursacht hat, jemals nachlassen? Nein, liebe edle Kiefer und junger talentierter Mensch, wir beneiden euch nicht um eure Wunden. Wessen Herz würde bei den die Nacht durchdringenden Schreien derer, die den Halt verloren haben, nicht zerreißen?

»O Vater, hilf, daß wir der Liebe nicht entsagen,
wenn liebe Menschen nach dem Leben fragen,
und aus Furcht, sie zu verlieren, stattdessen
den ewigen Lohn vergessen.«

Nach einiger Zeit ließen wir die ganze »Familie« zu unseren Gebetsversammlungen zu. Die Bethel-Schar war im Begriff, nach Old Centre zu kommen, und so viele Anliegen mußten vor Gott gebracht werden. Während all der Wochen evangelistischer Anstrengung schenkten die Gebetsversammlungen, die gewöhnlich an Johns Bett stattfanden, uns Kraft und große Freude. »Das Gebet ist dazu da«, meint Dr. Edersheim, »unseren inneren Menschen gänzlich dem Licht Gottes in echter, aufrichtiger Einfalt aufzuschließen, um von ihm durchschienen zu werden.« Die abendlichen Gebetszeiten waren von »Durchschein«-Erfahrungen geprägt, wenn außerhalb des kleinen erhellten Zimmers der wilde Bergwind von den steilen Hängen herabbrauste, die Old Centre im Westen sichern, und sich mit dämonischem Geheul auf das Haus stürzte, in dem wir knieten, und es erbeben ließ. Man konnte die Mächte der Finsternis spüren, aber nur schwach. Sie bildeten den Hintergrund für die Wärme der Nähe Gottes, die ein Leuchten auf uns alle warf und uns am Ende der Stunde nur mit Widerwillen unsere gesenkten Häupter heben und die Augen öffnen ließ.

Eines unserer Gebetsanliegen bestand darin, Zugang zu dem großen Soldatenlager vor der Stadt zu bekommen. Schon vor meiner Ankunft hatten sie dafür gebetet, und am Abend vor Johns Operation geschah etwas. Ein junges Missionarsehepaar begab sich auf einen Spaziergang – der erste Abendbummel seit der Geburt ihres Söhnchens. Auf dem Rückweg gingen unmittelbar vor ihnen einige Soldaten. Beide Gruppen näherten sich der Mission, als einer der Soldaten plötzlich laut aufschrie, sich den Bauch hielt, sich vor Schmerzen krümmte und genau vor unserem Tor zu Boden fiel.

Als erstes stürzte Doctor ins Zimmer, schloß die Tür hinter sich und lehnte sich außer Atem mit dem Rücken dagegen, während er uns alles berichtete. »Ich brauche euern Rat«, keuchte er hervor. »Ich möchte, daß ihr für etwas betet. Ein Soldat ist vor unserem Haus zusammengebrochen – hat einen Magengeschwürdurchbruch. Wenn ich nicht operiere, stirbt er in wenigen Stunden.«

Seine Wangen glühten vor Erregung. Er ist der geborene Chirurg, hatte aber vorher nie allein mit einem »Magengeschwür« fertigwerden müssen! Langsam kam er zu uns herüber, setzte sich auf Johns Bett und ergriff dessen Hand.

»Seht«, fuhr er ruhiger, doch offensichtlich noch immer aufgewühlt, fort, »irgendwie ist das ziemlich seltsam. Das OP-Zimmer ist vorbereitet; die Schwester hat alle Instrumente sterilisiert und bereitgelegt. Deine Operation kann leicht um einen Tag verschoben werden, wenn du zustimmst. Das ist vielleicht der Zugang zum Lager, um den wir gebetet haben. Was meint ihr?«

Wir hielten es für das beste, den einzigen zu fragen, der wirklich Bescheid wußte. Also riefen wir die Familie zusammen, knieten um Johns Bett herum nieder und baten unseren Vater, uns mitzuteilen, ob dies von ihm käme.

Vor Jahren hatte Bachelor mich eine Gebetsformel gelehrt, die angewandt werden sollte, wenn plötzliche Hindernisse uns scheinbar nahelegen, den geraden Weg in einer Kurve oder auf einem Umweg zu verlassen. Sie erwies sich für meine Person als so wirksam, daß ich sie wiederum an John weitergab. Diese Gebetsformel ist Teil unseres Lebens geworden. Sie lautet: »Herr, wenn das von dir ist, nehme ich es an; ist es aber von Satan, weise ich es zurück.« Viele Jahre später fand ich die Gebetsformel in folgender Form bei John Bunyan: »Wenn es von Gott ist, will ich es nicht geringachten; wenn es vom Teufel ist, will ich es nicht annehmen.« Diese Formel funktioniert tadellos, wenn der Beter absolut ehrlich ist und die vorliegende Angelegenheit freudig annehmen bzw. freudig ablehnen will. Bei »Herzenswünschen« bedienen wir uns ihrer ebenfalls, denn ein starkes Verlangen kann, muß aber nicht unbedingt, von Gott kommen. Sind die grundlegende Aufrichtigkeit und das Ergeben in den Willen Gottes vorhanden, ist diese Gebetsformel immer wirksam. Wir haben sie an jenem Abend angewandt und mit ihr zwei »Vliese« ausgelegt. Das eine: Sollte die Militärverwaltung der Operation vorbehaltlos zustimmen, würden wir das auch. Das andere: Wenn wir nach etwa einer Stunde *alle* das gleiche Gefühl hätten, sollte der Eingriff vorgenommen werden. Als die erwähnte Zeit verstrichen war, gaben die beiden Vliese grünes Licht zur Operation.

Welch eine Geschäftigkeit daraus folgte! Die Krankenschwester, die besonders qualifiziert und erfahren ist und die Doctor anerkennend als »Hauschirurgin« bezeichnete, flog wie ein weißer Vogel treppauf, treppab und die Flure entlang. In kürzester Zeit war der selbsteingerichtete Sanitätsbereich mit weißem Tuch ausgeschlagen, und alles befand sich an seinem Platz. Einer war für den Vorrat an kochendem Wasser verantwortlich. Ein anderer, mit dem weißen Stillumhang seiner Frau bekleidet, sollte der Krankenschwester bei der Narkose und ebenfalls beim Niederhalten des Patienten helfen, falls dieser sich als »unartig« erweisen sollte. Ich bildete zusammen mit den Sanitätsoffizieren aus dem Soldatenlager ein aufgeregtes Publikum, während John, der nicht ausgelassen wurde, auf der anderen Seite des Vorhangs die Menge neugieriger Chinesen um sein Bett in Gespräche verwickelte.

Eine Magengeschwüroperation in einem Privathaus im chinesischen Binnenland mit nur zwei erfahrenen Hilfskräften! Wir liehen uns eine Petromaxlampe und hängten sie über dem hölzernen »Operationstisch« auf. Mit einem Lächeln breitete Doctor einige verborgene Gabeln aus und nannte jede bei einem besonderen Namen, der zwar ihm und der Krankenschwester, nicht aber uns, etwas sagte. Es herrschte eine Atmosphäre fröhlicher Zuversicht. Unmittelbar vor der Chloroformierung von Soldat Jo wurde auf Chinesisch für ihn gebetet, wobei der heidnische Sanitätssoldat über dieses Vorgehen in einem Operationssaal mit großen Augen dastand! Eine Stunde später war alles vorüber. Wiederum wurde gebetet; diesmal wurde Gottes Segen und sein Siegel für die getane Arbeit erfleht und ihm nicht nur das Leben sondern auch die Seele des Soldaten anbefohlen. Darauf setzte man eine behelfsmäßige Tragbahre zusammen, und Doctor half, seinen Patienten nach unten in den unter Johns Zimmer gelegenen Raum zu tragen, der einige Wochen lang als Krankenrevier dienen mußte.

Mittlerweile war es fast Mitternacht, doch gab es für Doctor noch etwas zu erledigen. Während die Krankenschwester mit den anderen das Nebenzimmer säuberte und aufräumte, huschte Doctor in Johns Schlafzimmer. Ich sehe ihn noch vor mir, wie er hereinkam und die Tür leise hinter sich schloß. Das Haar klebte schweißnaß auf der Stirn, und sein Gesicht war so von Erschöpfung gezeichnet, daß er zwanzig Jahre älter aussah als er in Wirklichkeit war; doch seine Augen leuchteten. Er stand da und starrte uns einen Augenblick lang an, wobei er in Gedanken noch einmal den Erfolg der gerade vergangenen Stunde an sich vorbeiziehen ließ. Danach flüsterte er in tiefer Freude: »Gelobt sei Gott!« Er wollte für sich keine Spur vom Verdienst in Anspruch nehmen und dachte nicht an Eigenlob oder -ruhm. Doctor nahm diese ganze Ehre, schleuderte sie von seinen Schultern, häufte sie zu Füßen seines Herrn auf, kniete nieder und betete und erhob die Hände. Wenn Leute ihm sagen, was sein Können und seine Herzlichkeit ihnen bedeuten, folgt einer seiner Lieblingsaussprüche: »Nun, gelobt sei *Gott!* Wenn wir unser Bestes gegeben haben, bleiben wir dennoch unnütze Knechte, nicht wahr?« Und alles, was er sich in jener Nacht zugestehen wollte, war »unnützer Knecht«. Das Verdienst seines gelungenen schwierigen Eingriffs unter höchst hinderlichen Umständen wurde an den zurückgegeben, der vor vielen hundert Jahren betete: »Die Herrlichkeit, die du mir gegeben hast, habe ich ihnen gegeben.« Ja, diese Herrlichkeit gehört wirklich einzig und allein ihm, doch er läßt uns liebend gern daran teilhaben. Still erfüllte sie in jener Nacht den kleinen Raum, und alle drei nahmen wir sie in uns auf.

Und Soldat Jo, dessen Magen so erfolgreich zugenäht worden war? Und die Tür zum Lager? Gott fand seinen Weg hinein. Anfangs war Jo ein wenig widerspenstig. Ich fühle noch den zornigen Fußtritt, als er sich dagegen wehrte, daß ich ihm beim Zubettgehen die Schuhe auszog! Und ich höre noch das ärgerliche Brüllen, mit dem ein Wachsoldat sich auf ihn stürzte und sie rücksichtslos von seinen Füßen riß! Das Gebrüll und das grobe Verhalten zeigten nur zu gut, wie man in der Armee mit Untergebenen umsprang. Echte »Liebe« ist dort unbekannt.

Doch »Liebe« umsorgte Jo Tag und Nacht, denn unsere liebe Krankenschwester war die selbstlose Freundlichkeit in Person und unternahm täglich Anstrengungen, ihm Verständnis für die Wahrheit zu vermitteln. Jeden Tag schickte die Armee zwei Soldaten, um bei ihm zu wachen und sich um seine Bedürfnisse zu kümmern; auch diesen wurde das Evangelium verkündigt. Jetzt wurden wir ins Lager eingeladen. Soldaten strömten in unser Haus, und eine Zeitlang ging eine Gruppe von uns täglich ins Lager, um zu predigen und Kranke zu behandeln. Die Freude und die Begeisterung jener Tage läßt sich nicht in Worte kleiden. Vielleicht kann ich sie Ihnen ein wenig näherbringen, indem ich aus der Masse der Soldaten, denen wir begegneten, einen einzigen herausgreife.

Jeder Missionar sollte sein Arbeitsfeld mit zwei Waffen für den Kampf gegen das Heidentum betreten. In der Linken sollte er den Dolch des Gebets und in der Rechten das Schwert des Geistes, das Wort Gottes schwingen; die eine Waffe, um sie im Kampf gegen die unsichtbaren Fürstentümer und Mächte einzusetzen, die andere gegen das sichtbare Fleisch und Blut und die Schranken, die es gegen ihn und seine Botschaft errichtet. Diese Waffen müssen stets von einer bestimmten Machart sein; keine andere ist wirksam. Der Dolch des Gebets hat einen Griff, dessen Material das Erz des Glaubens ist und ist über und über mit den eingravierten Worten »Nicht mein Wille, sondern der deine geschehe«

bedeckt. Denn wirksames Gebet kommt aus dem Glauben und einer aufrichtigen Hingabe, die jederzeit als Antwort auf jeden seiner Rufe »Ja, Herr« sagt.

Die Waffe in der rechten Hand für die sichtbare Kriegsführung besteht aus einer fein gearbeiteten Klinge so schöner und wertvoller Ausführung, daß sie mich an König Arthurs berühmtes Schwert Excalibur erinnert. Was die Klinge selbst anbetrifft, so gibt es lediglich eine, die eine »Scheidung von Seele und Geist« bewirken kann (die Heilige Schrift), doch besaß Excalibur etwas, das seine Klinge übertraf. Es war »reich«

»an Edelsteinen, Elfenurim, auf dem Heft,
Aug' und Herz verwirrend.
Die Klinge so strahlend,
daß sie die Kämpen blendet . . .«

Das Funkeln verwirrenden Glanzes schlug in der Schlacht die Herzen der Kämpfer, noch ehe das Schwert ihre Leiber berührte. Dasselbe gilt für das Schwert in der rechten Hand. Für jedes auf den Dolch in der Linken des Missionars eingravierte »Ja, Herr« erscheint auf dem Heft der Klinge in der rechten Hand ein Kleinod der Liebe, ein Edelstein tiefgehender Begeisterung für Christus. Diese Edelsteine geben dem Schwert des Geistes den blendenden Glanz zwingender Liebe. Also entspricht dem Excalibur der rechten Hand eine glühende Liebe zum Herrn und zu den Seelen, die er durch seinen Tod erlöste. Und im Kern befindet sich sein eigenes zweischneidiges Wort, die Heilsbotschaft. Dieser Liebesglanz überwindet Rassenschranken, Glaubensvorurteile, alle Hindernisse und öffnet das Herz des Heiden, so daß die blanke Klinge, das überführende Wirken des Geistes Gottes, eindringen kann. Ich habe es so oft erlebt . . . gelangweilte, erschöpfte, »verschlossene« Gesichter werden vom Leuchten eines der Seelenfreunde Christi berührt und öffnen sich plötzlich in großer Sehnsucht, einem zögernd aufflackernden Licht des Willkommens. O was für eine mächtige Waffe das missionarische Excalibur ist . . . das edelsteinbesetzte Wort Gottes, das die Liebe Christi ausstrahlt.

Doctor kam gut gewappnet nach China. Mit dem Dolch des Gebets war er bereits lange Zeit vertraut, und seine Liebe zu den Menschen wurde von keinem Missionar übertroffen. »Durch einen, der liebt, wird ein anderer entflammt«, sagte Augustinus. Kein Mensch war zu schmutzig oder zu arm, als daß Doctor nicht liebevoll seinen Arm um dessen Schulter gelegt hätte. Oft redete das alltägliche Ausleben des Lebens Christi lauter als die in Worte gekleidete Erläuterung. In folgendem Fall war es ebenso.

Eines Abends besuchte Doctor nach einem langen, harten Arbeitstag den Soldaten Jo, der schon aufstehen durfte, weil es ihm besser ging. Weil die Krankenschwester zu ihrer Missionsstation hatte zurückkehren müssen, ging ich mit ins Zimmer, um womöglich zu helfen. Der kleine Raum war dunkel bis auf das Glimmen eines Kohlenfeuers in einer Eisenschale, die die Chinesen »Feuerbecken« nennen. Daneben saß Soldat Jo und kochte Tee für sich und den jungen Soldaten, der an jenem Abend bei ihm Dienst tat. Dieser erhob sich augenblicklich bei unserem Eintreten und bestand darauf, daß Doctor auf seinem Stuhl Platz nahm. Als er sich gesetzt hatte, ließ der junge Soldat sich zu seinen Füßen nieder. Doctor ist ein großer, kräftig gebauter Mann, aber körperlich nicht sonderlich belastbar, und an dem Abend war er sehr müde.

Soldat Jo überließ mir seinen Stuhl, hockte sich vor mir hin, und wir unterhielten uns, wobei das Feuer seinen roten Schein auf uns vier warf. Ich fragte Jo, ob er mittlerweile den Herrn Jesus als Heiland in sein Herz aufgenommen hatte. Er antwortete so leise mit ja, daß wir ein Gespräch über den teuren Erlöser und seinen Kreuzestod für uns anknüpften. Jos Blicke hafteten auf meinem Gesicht, doch ich nahm ein Drama wahr, das sich links abspielte. Wie es seine Gewohnheit war, hatte Doctor den Arm um die Schulter des jungen Soldaten gelegt. Letzterer hatte ihm einen Blick der Verblüffung zugeworfen, der allmählich in Erstaunen und dann in Nachdenklichkeit überging. Sollte der große ausländische Arzt sich so zu ihm, einem völlig unbedeutenden chinesischen Soldaten, herablassen? Ranghöhere hatten ihm gegenüber nur Härte, Gefühllosigkeit, Verachtung gezeigt, doch sein Knabenherz war verlangend. Und hier legte jemand, vor dem sich seine Vorgesetzten ehrerbietig verneigten, tatsächlich den Arm um seine Schultern! Er war innerlich zu erregt, um den Worten der ausländischen Frau zu lauschen. Seine Wangen glühten ob diesem Wunder. Vorsichtig streckte er seine Hand aus und berührte Doctors Knie. Als die Hand nicht weggestoßen wurde, schmiegte er sich eng an und fragte flüsternd: »Wie alt bist du?«

»Halt den Mund und hör' zu«, brummte Jo, der »die gute alte Geschichte« begierig in sich aufnahm und einen Augenblick lang durch das Flüstern abgelenkt wurde. Eine leichte Berührung Doctors stellte Laddies Aufmerksamkeit wieder her. Und der junge Soldat hörte eine Erzählung über ein anderes Leben, ein so selbstloses, so liebendes Leben, daß der Junge instinktiv spürte, es müsse eng mit dem sanften Druck um seine Schultern verbunden sein; er war gefesselt. Während ich fortfuhr und in allen wunderbaren Einzelheiten über den allerheiligsten Ort Golgatha redete, schienen der ernste Blick des Soldaten Jo, die sehnsüchtigen Augen Laddies, der rote Schein des Feuers und die düsteren Schatten sich aufzulösen, und wir standen auf einem fernen Hügel unter Marterkreuzen. Wir erzitterten, als die Mittagssonne sich verdunkelte; wir erbebten, als der Boden unter unseren Füßen erschüttert wurde. Und wir erschauderten, als wir den Schrei »Es ist vollbracht!« triumphierend durch die trauernden Himmel zum Thron Gottes aufsteigen hörten. Dann erfüllte uns sachte der Friede des Ostermorgens, und die herzerquickende Freude über die liebevolle Beteuerung des Auferstandenen »Fürchtet euch nicht, ich bin es!« ließ uns tief Atem holen. Als ich am Ende angelangt war, füllte eine feierliche Stille den dunklen, nur vom Schein des Feuers erleuchteten Raum. Jesus war unsichtbar anwesend und streckte seine von Nägeln durchbohrten Hände zwei heidnisch dunklen Herzen entgegen; alle Gedanken waren auf ihn gerichtet. Im Glanz dieses großen Lichts ging die menschliche Liebe unter, die Jesus zunächst Laddies erstauntem Blick offenbart hatte. Jetzt schaute er voller Sehnsucht in die Dunkelheit des Zimmers.

»Kleiner Bruder, willst du ihn nicht heute abend als deinen Heiland annehmen?«

Die Worte brachten ihn wieder zu sich.

»Aber ich kann doch nicht lesen!« meinte er, als stünde er vor einem verriegelten Tor.

»Das brauchst du nicht«, sagte Doctor aus dem Schatten. *»Er ist eine Person.* Du brauchst ihn nur zu kennen und ihn anzunehmen.«

»Kleiner Bruder, kennst du Doctor?«

»Ja«, antwortete er und blickte ihn schüchtern lächelnd an. »Aber du behauptest, daß du nicht lesen kannst. Wie kannst du da Doctor kennen? Verstehst du nicht, daß, wenn man Christus annimmt, es dasselbe ist, wie wenn man einen neuen Freund ins Herz schließt?

Nur muß dieser Freund zum Herrn werden. Je mehr Zeit du mit ihm verbringst, desto besser lernst du ihn kennen. Es ist keine Frage des Lesens, sondern des *Kennenlernens* und des Hörens auf seine Stimme. Wenn wir mit ihm reden, nennen wir das beten. Willst du nicht jetzt mit ihm reden und ihn bitten, als Meister und Herr in dein Leben zu kommen?«

Einen Augenblick lang dachte der junge Mann angestrengt nach, schaute dann auf und sagte: »Ja.«

Dort beim Schein des Feuers sprach Laddie, von uns angeleitet, mit Jesus über Golgatha und bat ihn, einzutreten und die Herrschaft zu übernehmen. O wie freuten wir uns über den Frieden, der diesem Gebet folgte! Wo mögen sie jetzt sein, diese zwei einfachen chinesischen Soldaten, die Christus an jenem Abend gegenübertraten – Jo mit dem ernsten Blick und Laddie mit den sehnsüchtigen Augen? Ich weiß es nicht; ich weiß nur, daß der Freund, den sie an dem Abend gewonnen haben, sagt, daß er die, die auf ihn trauen, niemals verlassen wird. »Noch nie hat er einen glimmenden Docht ausgelöscht, der an der Sonne der Gerechtigkeit angezündet wurde.« Beide sind glimmende Dochte, des Schreibens und Lesens unkundige chinesische Soldaten, die ohne feste Bleibe von einem Ort zum andern kommandiert werden und keine christlichen Freunde haben, die ihnen helfen und sie unterweisen können. Wir, die wir sie lieben, können sie nur unserem treuen Meister anbefehlen und für sie beten.

Auf dem Weg zu Johns Zimmer fragte ich mich, wie aufrichtig Laddies Bekenntnis gewesen war. So schnell sendet Satan Zweifel, damit er dem Glauben in die Ferse sticht. Hatte er wirklich begriffen? Hatte er nur aus Höflichkeit ja gesagt? Um es uns recht zu machen? . . . kläffte der Fersenstecher.

John war gebeten worden, an unserem letzten Sonntag in Old Centre beim großen Mittagsgottesdienst zu predigen. Er hatte auch am Sonntag davor gepredigt, sein Herz ausgeschüttet, doch war niemand öffentlich der Aufforderung nachgekommen, Christus anzunehmen. Die ganze Woche über konzentrierten wir uns bei den Gebetsversammlungen auf diese letzte Botschaft; doch es wurde Samstagabend und John war verzweifelt.

»Bitte teil' ihnen mit, daß sie sich jemand anderen suchen sollen«, sagte er flehend zu mir. »Ich habe den ganzen Tag nachgedacht, und mir fällt einfach nichts ein. Außerdem wollten so viele Leute mich sprechen. Ich bringe keine deutliche Botschaft zustande, kann irgendwie nicht durchdringen.« Und er stöhnte auf. Aber ich erinnerte mich, daß ich einmal einen ähnlichen Sonntag erlebt hatte, und weil ich wußte, daß die Qual der Schwäche eine reiche Ernte zur Verherrlichung des Herrn hervorgebracht hatte, tröstete ich John, und wir sangen und beteten. Manchmal dringt Lobpreis durch, wenn Bitte scheinbar vergebens angeklopft hat.

Als John an dem Sonntag die Kanzel bestieg, hatte er nur eines vor Augen – Golgatha. Die Seite, auf der die Männer saßen, war voller Soldaten. Am Ende lud John alle, die jetzt Christus als ihren Heiland annehmen wollten oder es in den letzten Wochen getan hatten, dazu ein, ihre Hand zu heben. Eine Hand ging hoch. Gespannt beugte ich mich vor, um zu sehen, wer da den Mut aufbrachte, sich vor so vielen Kameraden als Christ zu erkennen zu geben. Ich schaute nur einmal hin und sank dann in meine Kirchenbank zurück, wobei mein Herz jubelte: »O dank sei Gott! Es ist Laddie!« Denn es handelte sich in der Tat um ihn. Bescheiden und aufrichtig blickte er zu dem Mann auf der Kanzel hoch, und seine unbeholfene erhobene Hand war allen sichtbar.

Etwa eine Minute später ging auch die Hand des Soldaten Jo hoch, der an diesem Tag blaß und schwach aussah. Weitere Hände wurden gehoben und jedesmal seitens der heidnischen Soldaten mit großem Staunen und Ellbogenstößen registriert.

Dann sagte John: »Kommt doch alle, die ihr es wirklich ernst meint, aus euren Bänken nach vorn.«

Mir stockte das Herz. »Ist das nicht ein bißchen viel verlangt?« Aber nein, elf Soldaten stellten sich vor der Kanzel auf.

»Kniet jetzt alle nieder und bittet Christus um Vergebung eurer Sünden.« . . . Du gehst sicherlich zu weit, John! O die armen Kerle, wie ihre Kameraden aufstehen, um alles besser sehen zu können. Und sieh dir bloß ihr Grinsen an! Werden sie es tun?

Ja, elf Paar Knie ließen sich auf die Steinplatten nieder. Dann huschte ein blauer Schatten den Gang herunter und kniete neben ihnen nieder; es war Doctor. Mit seiner und Johns Hilfe, der die Kanzel verlassen hatte, bat jeder dieser Männer öffentlich Christus um das Geschenk der Erlösung, wenn auch, zugegebenermaßen, einer oder zwei so aussahen, als hätte der Mut sie verlassen! Doch alle hielten durch und blieben vorn, bis ihre Namen ins Kirchenbuch eingetragen worden waren. Danach konnten sie auf ihre Plätze zurückgehen.

Mittlerweile saß ich an der Orgel und hatte die grauen Uniformen vor mir. Wie sie so in Reih und Glied dastanden, ergab es sich, daß Laddie und ein anderer junger Soldat, den ich in den gerade vergangenen Wochen ebenfalls zum Herrn geführt hatte, der Orgel am nächsten standen. Als sie entlassen wurden und sich zum Gehen umdrehten, wandte jeder der beiden Jungen, die sich gegenseitig nicht kannten, den Kopf und warf der Frau auf der Orgelbank ein rasches Lächeln zu. Beide drückten dasselbe aus: »Ich wußte, daß du dich darüber freuen würdest, daß ich es ernst meinte!«

»Werde ich Sterne in meiner Krone haben?« heißt es in einem alten Kirchenlied. Wer hat schon Interesse an Sternen, wenn man im Himmel von solch herzlichem menschlichen Lächeln empfangen wird! ». . . meine Freude und mein Siegeskranz«, nannte Paulus die Philipper.

Laddie ist lediglich einer von vielen, die geheilt wurden und mit dem Wissen um etwas Besseres wieder fortgingen. In nur wenigen Tagen war Doctor für seine heilsamen Behandlungen berühmt, und die Leute standen Schlange, um von ihm untersucht zu werden. Doch er weigerte sich hartnäckig und unerbittlich, mehr Patienten zu empfangen, als er in der kurzen Zeit auf ihre Erlösung hinweisen konnte. Ich und andere Missionare verkündeten denen das Wort, die unten auf eine Unterredung warteten, und oft hatte sich John von seinem Krankenbett aus mit Leuten bei ihrer Entlassung befaßt. Wenn Doctor und die Krankenschwester mit den Patienten beteten, versuchten sie, großes Gewicht auf den Glauben an den einen wahren Gott zu legen. Auf diese Weise trachteten wir danach, sie völlig mit dem Evangelium zu erfüllen und ihnen die Ausflucht der Unkenntnis zu nehmen.

Eine weitere Szene taucht vor mir auf, und ich muß sie einfach schildern. Es handelte sich um eine Patientin, die Doctor ohne eigenes Verschulden verlor. Aber vergessen kann ich sie nicht, denn sie hinterließ eine Narbe auf meinem Herzen.

Als wir eines Morgens beim Frühstück saßen, wurden wir zu zwei Notfällen gleichzeitig gerufen; bei beiden handelte es sich um versuchten Selbstmord durch Schlukken von Opium. Im ersten Fall war es ein sechzehnjähriges Mädchen, und es verlangte Doctors ganzes Können, sie zurückzuholen, denn es stand sehr schlecht um sie; doch weil Gott ihr Leben retten wollte, wurde sie wieder gesund. Als wir das Haus verließen, wartete der zweite Mann, ein ärmlich gekleideter Mensch, auf uns und sagte: »Jetzt müssen Sie mit zu mir kommen! Da liegt eine Frau, die vor etwa einer Stunde Opium geschluckt hat.« Auf unserem Weg setzte er seine Geschichte fort. »Sie ist eine arme Stammesangehörige, die Ärger mit ihrer neuen Familie hatte und deshalb davonlief. Gestern nacht kam sie zu uns und bat um Unterkunft. Sie hat uns hintergangen« – der Mann war überaus zornig – »und uns nicht gesagt, daß sie in unserem Haus Selbstmord begehen wollte, bat nur um ein Quartier. Und heute morgen hat meine Frau sie beim Opiumschlucken erwischt. Das ist nicht gerecht! Wir sind arme Leute und können ihren Sarg nicht bezahlen.« Wenn in China ein Fremder unter fremdem Dach stirbt, ist der Besitzer des Hauses für das Begräbnis verantwortlich. Dieser Mann war über den Streich aufgebracht, mit dem man ihm übel mitgespielt hatte. Er kannte kein Mitgefühl für die Schwierigkeiten der Frau; die heidnische Welt tut ein gebrochenes Herz mit einem Achselzucken ab.

Denn ein gebrochenes Herz hatte sie. Den genauen Anlaß ihres Kummers habe ich nie herausgefunden, aber da sie verheiratet war, ist er nicht schwer zu erraten – wahrscheinlich eine strenge, herzlose Schwiegermutter. Die Frau war eine fast dreißigjährige Bäuerin. Sie konnte mühelos geheilt werden, doch nahm sie die Arznei nur ungern. (Noch am selben Tag, als wir alle glaubten, sie sei über den Berg, schluckte sie heimlich zum zweiten Mal Opium, woran sie starb.) Die Frau hatte ein so ausdrucksloses Gesicht, das jede Hoffnung verlassen hatte. Während wir die trostlose Hoffnungslosigkeit betrachteten, während wir sahen, wie sie furchtsam Wiederbelebungsmittel verweigerte, fragten wir uns, wie wir jemals diese reglose Verzweiflung durchdringen sollten, um ihr Bewußtsein dazu zu bringen, uns Gehör zu schenken. Aber trotz ihrer Furchtsamkeit, sie dachte wohl, wir würden sie schlagen oder mißhandeln, falls sie die Arznei nicht schluckte, war ihr Herz zum Sterben entschlossen. Sie war bei klarem Verstand, doch hatte sie ein gebrochenes Herz, und das »Leben« in ihr war erloschen. Wir wollten *sie* und nicht nur ihre Ohren erreichen. Wie konnten wir sie wieder wachrütteln, wach genug, um unserer Botschaft zuzuhören? Wir gebrauchten die erstaunlichsten Worte, die solch ein Mensch je gehört haben konnte, als wir sagten: »Schwester, da ist einer, der dich liebt, er heißt Jesus.«

Dieser Schlag reichte aus, und einen Augenblick lang glaubten wir an Heilung, denn ihre Seele wurde mit einer großen Bitte in ihren Augen sichtbar; aber dann drückte die Wirklichkeit der Seele das Leben aus, Ausdruckslosigkeit schloß über ihr ab, und die Frau murmelte erschöpft vor sich hin: »Puh ai. Puh ai.« Wörtlich »nicht Liebe, nicht Liebe«, aber sie wollte sagen: »Nein, das stimmt nicht.«

Die Wirklichkeit, die ihr eine lieblose Vergangenheit bereitet hatte und ihr eine lieblose Zukunft in Aussicht stellte, redete ihr ein, daß wir diese große Lüge erfänden, um sie ins Leben zurück zu täuschen; deshalb schüttelte sie den Kopf und sprach mit müder Stimme: »Nicht Liebe, nicht Liebe.« Als wir sie verließen, lebte ihr Körper noch, aber ihr Herz war schon tot. Später erfuhren wir dann, daß sie jetzt auch körperlich tot war. Und ihre Seele? Unsere Herzen können es einfach nicht ertragen, diesen Gedanken zu Ende zu denken.

Aber ihre Worte, symbolisch für Millionen ihrer

Schwestern, mögen Ihre Herzen plagen, wie sie das meine geplagt haben: *»Nicht Liebe, nicht Liebe!« Daran ist sie gestorben!* Ohne Liebe konnte sie in dieser unmenschlichen Welt nicht leben; sie hatte die Hoffnung aufgegeben, daß es so etwas für sie geben könnte. Meinen Sie nicht, daß das Herz dessen, der aus Liebe zu ihr und anderen ihr gleichen Menschen gestorben ist, erneut gekreuzigt wurde, als sie mit den Worten »nicht Liebe, nicht Liebe« auf ihren Lippen und in ihre Seele eingeritzt in die Ewigkeit hinüberging? Und wer ist dafür verantwortlich, daß die Frau nicht rechtzeitig von Gott erfuhr? (Glücklicherweise hat Laddie das mitbekommen, lange bevor jede Hoffnung erstorben war.) Christus nicht. Sein Teil ist »vollbracht«. Ohne Ausnahmen zuzulassen hat er deutlich gesagt: »Geht hin in die ganze Welt und predigt das Evangelium!« Und durch seinen Heiligen Geist hat er uns mitteilen lassen: »Wie aber werden sie an den glauben, von dem sie nicht gehört haben? Wie aber werden sie hören ohne einen Prediger?«

Die Christen, die sich selbst mehr lieben als Gott, und sich mehr lieben als die vielen tausend, die aus Mangel an dem zugrundegehen, was diese Christen im Überfluß besitzen (die Liebe und Erlösungskraft Christi) – wie können sich solche Menschen unterstehen, die Ewigkeit ins Auge zu fassen, während die vielen tausend verzweifelnden Augen auf sie gerichtet sind und es in ihren Ohren gellt: »Nicht Liebe . . . nicht Liebe«? Sicherlich werden diese Stimmen am Jüngsten Tag wieder erhoben, um die Selbstsucht anzuklagen. Die Welt macht jedem Habsüchtigen, der nicht von seinem Überfluß Mittellosen etwas zukommen läßt, Vorwürfe – und das Reich Gottes? »Christus starb für *alle.«* Seine Liebe ist für *alle* da; deshalb schenkt er uns mehr als Sie oder ich gebrauchen können. Was machen wir mit dem Überfluß? *Beten* wir ihn in das Leben anderer hinein? Spenden wir unser Geld, damit andere es einsetzen? Oder haben wir uns jemals ehrlich der Frage gestellt: »Würde Gott mich aus meinen Umständen befreien, wenn ich darum bäte, es ihnen persönlich überbringen zu dürfen?«

Ich sah in ein weiteres Gesicht; es war das eines zwanzigjährigen Mädchens, das starb, ehe wir ihr Haus erreichen konnten. Auch über dieser Totenblässe schwebte der Schrei: »Nicht Liebe . . . nicht Liebe.« Ihre Familie war im Begriff, sie in ein liebloses Dasein zu verheiraten, eigentlich zu verkaufen. Offensichtlich war sie sich der Zukunft bewußt, die sie erwartete, und wollte sie nicht ertragen. Den ganzen Tag lang beschäftigte sie sich mit dem Besticken ihrer Brautschuhe; dabei faßte sie den Entschluß, diese Schuhe sollten ihre Grabschuhe werden. Was für Gedanken für ein junges Mädchen, das sein ganzes Leben noch vor sich hatte! Am Abend nahm sie Gift. Als wir dort eintrafen, zog man ihr gerade diese Schuhe an, und bitterlich weinend sagte man zu uns: »Sie ist immer so lieb gewesen!« Vielleicht arbeiten gerade auch andere innerlich entschlossen an ihrem Leichentuch, während diejenigen, die ihnen die Liebe bringen könnten, die Laddies Herz gleich beim ersten Mal, als er davon hörte, für sich einnahm, zu Hause sitzen, ihre Zeit mit Nebensächlichkeiten verschwenden und den schmerzvollen Ruf von jenseits des Meeres »Nicht Liebe . . . nicht Liebe« nicht beachten.

Ich habe gesagt, daß jene kleine Frau eine Narbe auf meinem Herzen hinterlassen hat, und ich bete darum, daß es vielen anderen Herzen ebenso ergeht! Vielleicht retten ihre unbewußte Botschaft und Zurechtweisung Tausenden ihrer Schwestern das Leben, wenn Sie, lieber

Leser, sich nur aufmachen und sich den »Menschen der zweiten Meile« anschließen!

»Denn Gnade allein kann mich erreichen,
und Liebe allein mich gewinnen.
O und wenn wir sterben,
wie froh werden wir dann sein,
daß unser Lebenslicht
brannte für dich allein!«

Lieferbare TELOS-Taschenbücher

340 Otwin D. Theiss
Plädoyer für die Bibel
342 Margret Lehmann
Das schwarz-weiß Geblümte
343 John Withe
Die Sache mit der Führung
345 Wolfgang Nestvogel
So viele Fragen
346 B. Veselic
Das geliehene Glück
347 Benedikt Peters
Zeichen und Wunder
348 Klaus Berger
Wie entstand das Leben
349 Hans Casal
Das Wesen Jesu
350 Friso Melzer
Geistersteine
351 A. E. Wilder-Smith
Der Mensch . . .
352 Marie Hüsing
In diesem Augenblick
354 Henry M. Morris
Evolution im Zwielicht
355 René Ch. Repond
Ich glaube an Jesus
356 René Ch. Repond
Ich glaube der . . .
357 Bill Bright
Überraschungen mit Gott
358 August Hermann Francke
Lebensregeln
359 Walter Martin
Screwtape schreibt wieder
360 Paul E. Billheimer
Für den Thron bestimmt
361 Helmut Köppe
Unter dem Zug in die . . .
362 André Morea
Das verbotene Buch
364 Immanuel Sücker
Das Ziel ansteuern
365 Siegfried Wild
Mutig in den Tag
368 Walter Krause
Die geöffnete Pforte
369 Luther R.
Ziehende Wolken
370 Fritz Schmidt-König
Hermann Menge
372 Ernst Decker
Es ging ein Sämann aus
373 Hans Casal
Das Licht der Welt
376 Johannes Fauser
Ehe der Hahn kräht
377 Francis A. Schaeffer
Helft den Christen im . . .
378 Ruedi Josuran
Im Sumpf des Spiritismus
380 H. Brandenburg
Kinderkrankheiten . . .
381 Ernst Vatter
Der unerledigte Auftrag
392 Isobel Kuhn
Am Ende der Welt mit Gott . . .
394 Horst Zentgraf
Du bist wertvoll
395 W. Scheffbuch
So rettet Gott
396 Gitt/Bodelschwingh
Horizonte
397 Dettaan
Brot z. Leben Bd. 3
398 W. Hasselkus
Doppel-Leben
399 Erfahrungen des Lebens
400 Trachsel
Geborgen trotz . . .
401 Ostermann
Zweierlei Hoffnung
402 Uhlmann
die Lehrentscheidungen
403 J. Benton
Gaby auf d. falschen Fährte
404 Traugott Thoma
Glückselig die Friedensstifter
405 Ch. Schulz
Maria Sprenger
407 H.-M. Dannenberg
Du bist der wahre . . .
408 K. Scherer
Mit Streß leben
409 K. Scherer
Mein Gott, mein Gott
410 Helmut Blatt
Glaube, der in die Beine geht
411 Ch. Swindoll
Leben in der Entscheidung
412 M. Jürgenmeier
Aus Kummer wird Freude
413 F. Walser-Federspiel
Leiden und Freuden
415 Paul Little
Ich weiß, warum ich glaube
416 Lotte Bormuth
. . . so sollt ihr meinen
Bogen . . .
417 N. J. Ouweneel
Okkultismus . . .
418 H. Bader
Erziehen macht Schule
419 Ursula Pasut
Frauen in der Welt
420 G.-F. Rendal
Ich rede mehr . . .
421 Wim Rietkerk
Anfragen an die Realität . . .
422 Fritz Schmidt-König
Nun liegt dein Licht . . .
424 Jost Müller-Bohn
Das Wunder von Lengede
425 Emanuel Ernst
Dein Reich komme
427 L. Duphis
Widerstehet! Haltet aus!
429 H.-M. Dannenberg
Komm zu mir nach Afrika
430 Luis Palau
Der beste Tausch
432 W. Scheffbuch
Wie eine Gemeinde
434 E. Ostermann
Deine Zukunft liegt in . . .
435 John Souter
Ich war ein Dealer
436 W. Scheffbuch
Wer Jesus hat, hat das Leben
437 Ortwin Schweitzer
Beweise mir Gott
438 Francis Schaeffer
Wie können wir denn leben?
439 Dieter Alten
Mündige Gemeinde
440 Hedwig v. Redern
Um Seinetwillen
441 E. v. Engelhardt
Der Herr siehet
442 William Mac Donald
Christus und die Gemeinde
443 William Mac Donald
Der Unterschied
444 Kurt Heimbucher
Gleichnisse Jesu
445 Werner Geutsch
Eine unverhoffte
Weihnachtsfreude
446 Gerhard Nehls
Trilogie Nr. 70307, 308, 309
447 Richard Müller
Der du bist im Himmel
449 A. T. Pierson
Georg Müller
450 John Bunyan
Pilgerreise zur seligen
Ewigkeit
451 E. Walch
Und mein Ohr vernahm
452 M. Lenk
Geliebt und verachtet
453 Paul Wagner
Ein Herz für Weltmission
454 Roland Antholzer
Plädoyer für eine biblische
Seelsorge
455 K. Opitz
Vergebung und . . .
456 Horst Zentgraf
Du bist geliebt
457 Bärbel Wilde
Volltreffer
458 Erich Remmers
Die Reise nach Emmaus
459 Ewald H. Heather
Mein Vater Ernie Klassen
460 Käte Walter
Gott ist dir nah
461 E. Walch
Weihnachten – nicht allein
462 J. Woodroof
Grundpfeiler
463 Wolfgang Bühne
Sich selbst lieben?
464 W. H. Herzog
Gib uns Kraft
469 Gibson
Grundkurs des Glaubens
470 R. Lindemann
Angst-Ursachen . . .
471 R. Ritter
Das Problem: Ehescheidung
475 Hans Cassal
Vom Wirken des Heiligen
Geistes